윤종희 수필집

풍경이 건너갈 때

우리 삶의 번민과 고뇌들은 자연 앞에 아무것도 아닌 것을.
풍경은 풍경으로 이어져도 길은 시간이고 세월이다.

문예운동사

● 축하의 글

일상의 사색과 여행의 성찰로 빚어낸 순화의 풍경
– 윤종희 수필집 『풍경으로 건너갈 때』 –

최 원 현 수필가 · 문학평론가
한국수필창작문예원장 · 한국수필가협회 제7대 이사장 · 한국문인협회 제27대 부이사장 · 국립세계문자박물관 이사.

1. 윤종희의 '풍경(風景)'–미시적 관찰과 정서적 교감

윤종희의 두 번째 수필집 『풍경으로 건너갈 때』는 제목 그대로 '풍경'을 매개로 한 삶의 성찰을 본령으로 삼는다. 이때 풍경은 단순히 외부 경관을 묘사하는 차원에 머물지 않고, 기억과 정서, 그리고 세대적 경험을 매개하는 내적 장치로 기능한다. 즉 자연의 이미지와 생활의 장면이 교차하면서 수필의 언어는 현실적 삶을 초월한 의미망을 구축한다.

이 수필집의 핵심은 제목이 암시하듯, 단순히 보는 대상(풍경)을 넘어 내면으로 건너와 의미화되는 과정에 있다. 작가는 마당, 김장하는 날 같은 일상에서 역사(한양도성), 그리고 타국(시드니, 청산도)에 이르기까지 다양한 공간을 경유하며 상처를 순화하는 사유의 풍경을 창조한다.

『풍경으로 건너갈 때』는 그가 서문에서 밝히듯 '상처가 풍경으로 건너갈 때' 일어나는 내면의 순화와 성찰의 과정을 밀도 있게 담아낸 작품이다. 총 6부에 걸쳐 일상의 소소한 발견부터 역사적 공간에서의 깊은 사유, 그리고 이국땅에서의 문화적 체험까지, 작가는 모든 경험을 내면의 맑고 따뜻한 시선으로 재조명하며 독자에게 위로와 평온을 선사한다.

윤종희는 일상의 미시적 관찰과 여행·역사에 대한 거시적 성찰을 자유자재로 오가며, 대비, 상징화, 비교 문화 비평, 역사 비평 등의 방식을 유효적절하게 활용한다. 특히 경험을 타인의 삶이나 보편적인 진리로 확장하는 사유의 확장성이 돋보인다. 윤종희는 독자들에게 자신을 둘러싼 모든 것이 결국 '영혼을 맑게 하는' 아름다운 풍경임을 깨닫게 하여 풍경을 따뜻하고 밀도 있는 수필의 미학으로 선사한다.

2. 일상 풍경의 시학- 자연과 존재의 교차점

윤종희의 수필은 일차적으로 '풍경'을 단순한 배경으로 다루지 않고, 존재를 반추하게 하는 사유의 장場으로 전환 시킨다. 저자는 특정한 장소 곧 시골 마을, 강변, 혹은 고향의 풍경 등에서 발견되는 소소한 사물과 현상을 통해 자아를 성찰한다. 이는 하이데거적 의미의 '거주'를 연상시키는데, 풍경은 인간이 머무는 단순한 장소가 아니라 존재를 확인하고 기억을 환기하는 장치로 기능한다.

「마당 안으로 들여온 봄」에서는 곤줄박이의 구애와 생존을 '춘궁기春窮期'에 빗대거나, 아로니아 나무 '전지剪枝'를 통해 '새 생명을 잉태할 준비'로 해석한 것은 자연의 이치와 인간사를 대비하며 자연 친화적 사유를 심화시킨다. 특히 곤줄박이의 모습에서 "저 둘은 부부일 것이고 한 놈은 짝 잃은 수컷인데 아마도 암놈을 넘보는 것 같다"는 남편의 해석에 웃음 짓는 대목은 극적 요소를 가미하며 일상의 정경을 생동감 있게 전달한다. 계절의 변화를 넘어 인간 존재가 겪는 상실과 회복의 순환으로 은유한다.

「김장하는 날 풍경」은 미시적인 관찰을 통해 일상에서 보편적인 진리를 길어 올리는 탁월한 능력을 보여 준다. '김장'이라는 한국적 공동체 의례를 중심으로 세대를 아우르는 수다와 희로애락을 담아낸다. '수육'을 보너스이자 세대 간 화합의 매개로 제시하거나, '남편 길들이기' 같은 단골 메뉴 수다를 통해 삶의 지혜와 치유의 과정을 드러내는 방식은 공동체적 가치에 대한 사회 비평적 시선을 내포한다. 김장 마당은 단순한 노동의 공간이 아닌, '안에 있는 걸 꺼내어 놓고 왁자할 수 있는' 해방과 치유의 공간으로 상징화된다.

시드니 여행기는 단순히 이국적인 풍경을 소개하는 것을 넘어 선진 문화에 대한 비교 문화적 시각을 견지한다. '손흥민 찐팬'인 프런트 직원과의 유쾌한 경험에서 한국의 위상을 확인하는가 하면, '유러피안 스타일'을 찾아보기 힘든 호주인의 편안한 복장, 혹은 유칼립투스 나무의 생태적 특성까지 놓치지 않는다. 특히, 시청 건물 보존에 대한 사유에서 일제 잔재 청산에 대한 한국의 태도를 언급하거나, 가족 단위의 공원 이용 문화를 보며 '옛날 대가족의 미풍양속을 자랑했던 우리가 맞나'라고 반문하는 대목은 자성적 문화 비평의 영역으로 나아간다. 오페라 하우스 와인바의 여유로운 문화에 대한 아쉬움은 '국민소득이 더 올라가면 이런 문화가 일상이 될 수 있을까'라는 물음으로 이어지며, 개인의 경험을 사회 전체의 문제로 확장 시키는 힘을 보여준다.

「목멱산」 수필은 역사 비평의 좋은 예다. 광희문을 '시구문'이라 불렀던 과거부터 일제 강점기 훼손된 돈의문까지를 돌아보며 역사의 아픔을 환기시킨다. 특히 성 돌에 새겨진 '각자성석刻字城石'을 '공사실명제'이자 '책임을 묻는 제도'로 해석하고, 이태준의 '성자성민야城者盛民也'를 인용하는 것은 역사적 사실에 인간의 노고와 희생이라는 의미를 덧입혀 문헌 비평적 깊이를 더한다. 숭례문으로 내려오는 '하얀 화강암'의 새 성벽에서 "그 어떤 이야기도 들을 수 없었다"는 표현은 오래된 성돌이 품고 있는 '세월의 이야기'의 가치를 강조하는 복원 비평적 시각을 내포한다.

이처럼 그의 문장은 묘사적이되 서정적인 운율을 지니며, 자연물에 대한 감각적 포착이 곧 자기 존재에 대한 질문으로 이어진다. 따라서 윤종희에게 풍경은 단순히 시각적 요소가 아니라 인간의 내면을 비추는 거울로 자리매김한다.

3. 기억과 정체성 – 풍경을 매개로 한 자아의 회복

이 수필집의 중요한 특징은 풍경이 기억과 정체성의 매개로 작동한다는 점이다. 윤종희는 과거의 체험을 특정 풍경과 연결함으로써 현재의 자아를 재구성한다. 예컨대 유년 시절의 기억은 특정한 나무나 들길의 풍경과 결합 되며, 이는 곧 자기 삶을 회고하는 통로가 된다.

「낯선 세상 속으로」에서는 '낯선 세상 속으로'라는 트레킹 모임 이름을 통해 은유와 상징을 활용한다. 이 모임은 단순히 물리적 여정을 넘어, '상처가 풍경이 되고', '희망의 근육을 건져 올리며 영혼을 씻는 의식'으로 정의된다. 정명훈 감독과 사모님의 헌신과 사랑이 담긴 '7시 김밥'을 '따뜻한 한 끼 밥상'이자 '선물 같은 밥상'으로 묘사하는 부분은 수필에 인간애적 감동을 불어넣는 서사 기법이다. '바람 따라 사는 남편'과 '우렁각시 사모님'의 대비를 통해 타인에 대한 깊은 이해와 질문을 던지는 자세도 수필가로서의 성숙한 태도를 보여준다.

윤종희의 수필은 이러한 사소한 일상을 시적 감각으로 길어 올려 '풍경화적 문체'로 그려낸다.

4. 수필 장르의 미학적 지향

윤종희의 문체는 담담하면서도 절제된 서정성으로 특징지어진다. 지나친 수사적 장식이나 감정의 과잉 없이, 오히려 일상의 작은 장면에 깃든 의미를 포착하는 데 집중한다. 이는 한국 현대수필이 추구해 온 자연 친화적 성찰과 소박한 진정성의 계보를 잇는다.

특히 수필집 『풍경으로 건너갈 때』에서 드러나는 글쓰기 방식은 체험의 구체성과 사유의 보편성을 결합한다는 점에서 주목된다. 즉 '개인적 풍경'이 '보편적 의미'로 확장되는 과정을 통해 수필의 장르적 확장 가능성도 보여 주고 있다.

한국수필이 전통적으로 추구해 온 자전적 성격과 회고적 성찰도 여기서 뚜렷하게 드러난다. 다만 윤종희의 글은 단순한 향수의 기록에 머물지 않고, 과거와 현재, 개인과 사회, 자연과 인간의 관계를 유기적으로 이어낸다. 그 결과 그의 수필은 개인적 기억을 보편적 정체성의 탐구로 확장 시킨다.

윤종희의 문체는 또한 서정적 감수성과 담백한 서술을 병치하는 특징을 지닌다. 그는 대상의 구체적 질감을 놓치지 않으면서도 그 안에서 발견되는 의미를 성급히 단정하지 않는다. 이로써 풍경은 낯설고 새로운 층위를 획득하고, 일상은 '관조의 언어' 속에서 보편적 삶의 은유로 격상된다.

뿐아니라 대체로 담백하고 간결한 문체지만 감정을 포착하는 순간 심미적인 표현이 빛을 발한다. 「마당 안으로 들여온 봄」에서 '오동통 팥 색깔의 녹두만 한 싹 눈', '어린 것들 잇몸에 돋아나는 고운 이처럼 우우우 솟아나 있다'와 같은 비유는 봄의 생명력을 촉각적이고 시각적으로 표현한다.

5. 윤종희 수필에 거는 기대-위로와 치유의 '순화 미학'

윤종희의 제2수필집 『풍경으로 건너갈 때』는 풍경을 단순한 자연 묘사가 아닌 존재론적 사유의 매개체로 형상화함으로써, 한국수필의 전통적 지향과 현대적 의미를 동시에 구현한 작품집이다. 풍경은 기억과 정체성을 회복하는 장치로 기능하며, 독자는 이를 통해 자기 삶을 돌아보게 된다. 따라서 이 수필집은 한국 현대수필의 미학적 방향을 확인할 수 있는 귀중한 사례이며, 나아가 수필 장르가 개인적 체험을 보편적 인간학으로 확장하는 문학적 가능성을 어떻게 수행하는지까지 잘 보여 준다. 이는 한국 수필문학이 나아갈 한 지향점인 풍경과 존재의 미학적 통합 제시도 될 것이다.

『풍경으로 건너갈 때』는 '상처가 풍경으로 건너갈 때' 비로소 삶이 순화되고, 그 순화된 풍경이 독자에게 위로와 사유를 건넨다는 사실을 증언한다. 윤종희의 이번 수필집은 한국수필이 지닌 생활성과 성찰성을 균형 있게 담아내며 '풍경의 미학'을 통해 개인의 체험을 공동체적 정서로 승화시킨 귀중한 성과라 할 수 있다.

작가는 일상의 미시적 관찰과 여행·역사에 대한 거시적 성찰을 자유자재로 오가며, 대비, 상징화, 비교 문화 비평, 역사 비평 등의 방식을 유효적절하게 활용한다. 특히, 경험을 타인의 삶이나 보편적인 진리로 확장하는 사유의 확장성이 돋보인다. 따라서 이 수필집은 독자들에게 자신을 둘러싼 모든 것이 결국 '영혼을 맑게 하는' 아름다운 풍경임을 깨닫게 하는 따뜻하고 밀도 있는 수필의 미학을 선사한다.

다시 말하면 『풍경으로 건너갈 때』의 의의는 개인의 체험을 기록하는 데 머물지 않고 그것을 공동체적 정서로 환원시켰으며 이는 최근 한국수필이 지향하는 생활성과 성찰성의 균형을 잘 보여 주는 사례라 할 수 있다. 나아가 풍경을 통해 삶의 상처와 기억을 순화하는 글쓰기는 수필이 여전히 위로와 사유의 장르로서 유효함도 증언한다.

 '풍경의 미학'을 통해 삶과 문학을 매개하는 통로를 열어 보이며 동시대 수필이 나아가야 할 방향 즉 일상적 체험을 사유의 깊이로 밀어 올리고, 사적 기억을 공동체적 정서로 확장하는 과제에 충실히 응답한 성과이며, 일상과 타향, 역사를 넘나들며 '상처'를 '그리움'과 '성찰'로 순화시키는 과정을 충실히 보여주었다. 윤종희는 다양한 공간과 소재를 활용하면서도 결국 인간의 내면과 공동체의 가치에 초점을 맞추는 인문학적 통찰을 보여준 것이다.

 아름다운 수필 미학을 보여준 윤종희의 수필집 『풍경으로 건너갈 때』 상재를 큰 박수로 축하한다.

책을 열며

　상처가 풍경으로 건너갈 때 상처는 순화되어 그리움이 되고 그 그리움은 나를 성찰하게도 타인을 따뜻한 시선으로 바라보게도 한다. 지나간 것은 다 그리움요, 그리움은 나를 풍성함 삶으로 인도하고 바르게 살 수 있도록 길이 되어 준다.

　어느덧 글을 쓴지도 십 년에 가깝다. 마음이 글이 되어 나올수록 기억에도 없던 일들이, 서러움이 되어 툭툭 튀어나올 때는 당혹스럽기도 했으나, 그 기억들을 글로 풀어낼 때마다 심연은 가벼워지고 자유로워졌다. 바로 글의 힘이지 싶다. 글쓰기는 나의 안온한 요람이며 영혼을 맑게 한다. 나로 하여 사람을 세상을 깊고도 넓게 따뜻하게 볼 수 있게 한다.

　자연을 들여다보고 들으면 그 속에 사람 사는 법이 보인다. 풍성했던 가을도 지나 새 생명을 위해 안식으로 들어가는 겨울이 바스락거리며 잰걸음으로 오고 있다. 부족하지만 누군가의 가슴에 영혼 한 자락 위로가 되기를 바라며 두 번째 수필집을 펴낸다.

　첫 번에 이어 두 번째 수필집 표지화와 제목을 캘리화로 만들어준 캘리디자이너 황선희에게 고맙고, 말없이 옆에서 응원해준 남편에게 감사하며, 여기까지 인도하신 하나님을 찬양합니다.

2025년 11월 초겨울에

甘泉 유종희

목차

축하의 글 • 3
책을 열며 • 11

제1부 마당 안으로 들여온 봄

마당 안으로 들여온 봄 • 21
감 익어가든 따뜻했던 날들 • 24
'더한옥카페'와 그녀들 • 28
나의 케렌시아는 어디일까 • 31
겉바속촉 • 35
메리와 만두 • 38
바지랑대 • 41
빈집 1 • 44
섬진강, 연둣빛 생명이여 • 47
어느 수집가의 초대 • 51

제2부 가을질문

샤덴프로이데 • 61

봄볕에 장醬은 익어가고 • 65

가을 질문 • 68

감의 변신 • 72

그 여름날, 한옥의 냄새 • 76

김장하는 날 풍경 • 79

바람처럼 지나갈까요 • 82

아기에서 아기로 • 85

어떤, 겨울 정원 • 89

죽비소리 • 93

특별한 여행 • 95

팔랑이는 모란 꽃잎에도 • 98

제3부 연둣빛 사랑

쑥국을 끓이며 • 103
시드니는 푸른 안개에 젖어 • 106
수련 • 113
안녕하신가요 • 116
어디로 갔을까 • 121
여름, 보석상자 • 124
엉겅퀴와 뻐꾸기 • 126
연둣빛 사랑 • 129
전지剪枝하며 • 132
절규 • 135
선재길을 걸으며 • 138
놓음에 대하여 • 142

제4부 아름다운 사람아

저물녘 마재마을에서(영역) • 149
청하 선생님께 • 153
금강하구, 몸을 풀다(영역) • 155
마지막 선물 • 159
아름다운 사람아 • 161

제5부 영혼의 우물

상처가 풍경으로 건너갈 때 • 165

한국의 정원 • 168

어, 진짜네 • 172

엄마라는 이름은 • 177

영혼의 우물 • 180

장독대를 닦으며 • 184

빈집 2 • 187

낯선 세상 속으로 • 190

행복 곳간 • 194

지금도 눈이 오네 • 197

고등어자반을 생각하며 • 200

제6부 서울 한양도성 성곽길에서

낙산, 동쪽 끝자락에 대한민국 경제가 숨 쉬고 • 205
돈의문 성벽 아래 서촌이 있다 • 214
북악성곽에서 • 220
목멱산, 민족 얼을 품은 서울의 허브 • 226
단돈 이백오원 • 232
혜화문惠化門 성벽 끝에서 혜곡 최순우를 만나다 • 238

#평설 : 김귀희 박사

제**1**부

마당 안으로 들여온 봄

그제사 우리는 저들의 몸짓에서 깨어났다. 봄바람이 백두대간 심지에 꽃불을 놓더니 남도에서부터 둑방을 허무는 기세로 북상하는 불길. 겨우내 깡말랐던 나무는 긴 기다림에 불붙여 제 몸을 사르고, 우리 가슴에도 다시 불씨를 지핀다. 곤줄박이를 마당 안으로 내가 불러들인 것인지 저들이 우리를 부른 건지 모르겠다.

마당 안으로 들여온 봄

곤줄박이다. 입춘이 지나면 바람의 무게만 달라지는 게 아니라 새들의 울음소리도 달라진다. 앞마당 정원에선 새들의 식사가 한창이다. 까마귀 두세 마리 홍시를 통째로 물고 앞산 넘어가고, 까치 떼 왔다 간 자리에 오랜만에 작은 새 곤줄박이들 잔치다.

텃새는 겨울엔 산수유 열매 등을 주로 먹는다. 겨우내 그것을 다 따먹은 새들에게는 지금이 가장 힘든 시기다. 사람으로 치면 춘궁기다. 하여 가을에 수확한 들깨며 콩을 고르지 못하고 놔뒀던 걸 내어줬다. 이럴 때 주려고 몇 해 전부터 그렇게 해 왔다. 한 번에 주지 않고 조금씩 며칠에 걸쳐서 준다. 요 몇 년 사이 까치와 까마귀 떼가 눈에 띄게 많다. 이것도 환경의 변화 탓인가 싶다.

들깨며 콩 수확 철에는 까치 한 마리가 나타나면 떼로 몰려와서 말리려고 널어 논 들깨를 순간에 다 먹어치운다. 그럴 때면 시어머님은 막대기 하나 손에 쥐고 큰소리로 까치를 쫓아 보지만 잘 쫓아지지 않는다. 오히려 까~악 까~악거리며 달려드는 경우도 봤다. 그럴 때면 어머님은 이런 큰 새들 때문에 작은 새가 오지 않는다고 불평하셨다.

우수도 지났고 며칠 있으면 경칩이다. 전지가위를 들고 나섰다. 옷 안으로 바람이 속속 파고든다. 이맘때면 친정어머니는 "정월 추위에 독 터진다"시며 옷을 얇게 입지 말라셨다. 하지만 옷 속을 파고드는 바람과 달리 햇볕의 무게가 다르다. 정월 보름이 지나고 일주일 후면 아버님 생신이었다. 그때면 양지바른 곳에선 다복다복 냉이가 올라왔다. 올해는 늦추위 때문인지 아직 보이질 않는다.

오늘은 작년에 바빠서 전지를 못 한 뒷마당 아로니아 나무부터 잘랐다. 작년에 열매도 많지 않았고 웃자라서 높이는 하늘을 찌른다. 곁가지부터 치려고 전지가위를 대는데 오동통 팥 색깔의 녹두만 한 싹 눈이다. 어린 것들 잇몸에 돋아나는 고운 이처럼 우우우 솟아나 있다. 음력 2월 초 황사 주의, 봄은 아이들 세상, 눈물 없던 시절의 아이들 웃음으로 돌아가 그렇게 새봄은 시작되고 있다.

전지하는데 요란한 새 울음소리다. 마당 전깃줄에 곤줄박이 세 마리다. 두 마리는 붙어 있고 한 마리는 떨어져 있다. 혼자 앉아 있던 새가 다가가면 같이 있던 한 마리가 요란하게 울며 쫓아 버린다. 멀찍이 떨어졌다가 또 슬금슬금 다가간다. 그 모습에 웃음이 절로 난다. 한참을 쳐다보더니 저 둘은 부부일 것이고 한 놈은 짝 잃은 수컷인데 아마도 암놈을 넘보는 것 같다는 남편.

그랬다 새들도 새 생명을 잉태할 준비를 서두르고 있는 물오른 계절이다. 시어머님은 시래기가 마르면 봄이 온다고 했는데 자연의 이치는 이렇게 적확할까. 몇 주 전 온 눈으로 정원도 앞 밭도 하얗다. 갑자기 추워진 날씨로 양지바른 곳은 녹아 얼음이 됐다. 세찬 바람이 불어도 때아닌 폭설이 내려도 계절이 조금 늦을 뿐이다.

아로니아 나무 전지한 것은 땔감 불쏘시개로 쓸 요량으로 정원 사철나무 밑 한구석에 쌓아놨다. 소소리 바람 속에 손발이 시렸다. 따끈한 차 한 잔에 햇볕 한 스푼 넣어 양지쪽 계단에 앉았다. 바람은 차지만 볕은 따사롭다. 가만히 앉아 볕바라기를 하고 있는데 곤줄박이 대여섯 마리가 포르르 포르르 사철나무와 전지한 나뭇가지 쌓아 놓은 곳을 오르락내리락하는 몸짓이 경쾌하고 발랄하다. 새로 잘라낸 나무의 수액 냄새 때문인지 새들의 날갯짓이 싱그럽다.

무슨 이야기를 저리도 하는 걸까. 반갑다 어디에 있다 왔느냐 묻는 걸까. 듣고 싶다, 저들의 말을.

아침나절 정원에 놔준 홍시를 먹은 놈들일까. 먹을 걸 줘서 고맙다 하는 것일까. 아니면 봄바람 때문인지 한참을 노닐 다 앞산으로 앞서거니 뒤서거니 날아간다. 텃새는 매서운 겨울 동안 어디에 있다가 봄만 되면 다시 와서 저리도 재잘거리는가. 사람처럼 먹을 양식을 비축하지 않고도 살아남아 봄이면 여지없이 사철나무 우듬지에서 지저귀는 저들. 자연의 경이로움이다.

그제사 우리는 저들의 몸짓에서 깨어났다. 봄바람이 백두대간 심지에 꽃불을 놓더니 남도에서부터 둑방을 허무는 기세로 북상하는 불길. 겨우내 깡말랐던 나무는 긴 기다림에 불붙여 제 몸을 사르고, 우리 가슴에도 다시 불씨를 지핀다. 곤줄박이를 마당 안으로 내가 불러들인 것인지 저들이 우리를 부른 건지 모르겠다.

앞산으로 날아갔던 그들은 다시 마당 안으로 봄을 물어 오고 있다.

- 2025. 3월

감 익어가던 따뜻했던 날들

한 입 베어 물자 그리움이 온몸을 적신다. 뽀얗게 시설柹雪이 핀 네게서 새벽녘 싸했던 감 단풍잎 냄새다.

고향에선 눈에 보이는 것마다 감나무甘木였지. 집마다 앞마당 한 편이나 뒷마당엔 한 그루씩은 있었어. 너는 우리나라 어느 곳에서든 볼 수 있는 생활 속 친근한 나무지. 우리네 배고픈 시절 구황救荒에도 지대한 몫을 했던 우리와는 떼려야 뗄 수 없는 나무. 봄이 후끈해지면 감꽃이 피지. 떨어진 하얀 꽃을 실에 꿰어 화관이며 반지와 팔찌를 만들어 소꿉놀이도 했어. 동무들과 놀다가 허기지고 배고플 땐 양지바른 담벼락에 모여 앉아 목걸이나 화관의 꽃을 가위바위보로 하나씩 따 먹기도 했지.

꽃은 절반 이상 떨어지고 나머지가 감이 되지. 아직 여물지 않은 떨어진 감을 새벽녘 밭에 가서 주워 오면 어머니는 쌀뜨물에 담가두셨어. 땡감은 일주일이 지나면 떫은맛은 없어지고 달짝지근한 그 오묘한 맛에 손이 가게 하는 간식거리였지. 가장이셨던 어머니는 늘 우리 곁에 없었어. 삭힌 탈삽脫澁을 먹을 즈음엔 계셨는데 그래서 삭힌 감이 맛있었던 건 지도 몰라. 배고플 때 우리 배를 채워주던 너를 지금은 몸에 좋은 먹거리로 먹는다지.

감골인 상주는 가로수도 감나무여서 여름이 수굿해지면 감나무에 물이 들어서 고을은 주홍색으로 물들기 시작했어. 단풍 들 때면 아침에 일어나 감나무가 있는 뒤꼍으로 뛰었지. 왜냐고? 너는 알고 있니, 단풍잎 중 네가 제일 예쁘다는 거. 하나도 같은 색이 없는 너의 색깔, 감나무 냄새가 나는 따뜻한 향기. 새벽녘 너를 주우려 아침 이슬을 맞으며 쿵쿵거리던 꼬맹이를.

시나브로 가을이 익는 만큼 너도 무르익었지. 서리가 내려 서늘해지는 계절 주홍빛으로 물든 너는 붉은 태양 같았어. 잎은 다 떨어지고 앙상한 가지에 주렁주렁 열린 너를 보면 풍성함에서 오는 넉넉함이랄까 색깔에서 오는 따뜻함이랄까 그냥 좋았어. 추석 즈음은 집집마다 한 해 감 추수를 위한 작업으로 온 동네가 들썩였지. 이때면 감을 따다가 감나무 가지가 부러져 다치는 일이 종종 일어나곤 했지. 그래 감나무는 집안에서도 감나무를 타는 사람이 올라갔어.

감을 딸 때는 다 따지 않고 꼭대기에 까치밥으로 몇 개를 남겨뒀지. 먹을 게 없는 겨울 미물에게 보시하는 마음도 있었고, 인간에게도 한겨울 앙상한 가지에 매달려 있는 투명하도록 붉은 홍시를 보면 왠지 모를 후듯함이 생기거든. 우리는 일상생활에서도 자비와 운치를 누렸지 싶어.

'둥시감'이라 불리는 너는 실한 것만 골라서 곶감을 만들었지. 나머지는 잘라서 감말랭이로, 땡감은 냉 골방에서 겨우내 익고 녹기를 반복하며 맛있는 홍시가 되는데 잘 익은 걸 골라 먹는 재미가 쏠쏠했지. 이맘때면 홍시 쟁탈전이 벌어져서 덜 익은 감을 다 익었다고 우기며 먹기도 했어. 문풍지가 사시나무 떨듯 떠는 고추같이 추운 한겨울에 반 정도 얼은 너를 뜨끈뜨끈한 아랫목에서 먹었지. 바로 홍시 아이스크림이야. 어머니를 볼 수 있어서 더 따뜻하고 행복했던 날들. 지금도 홍시가 나오면 얼른 사 먹어 보지만 그 맛은 아니고 그저 그 시절 그리움을 먹는 것일 뿐.

일 년 농사 곶감 만들기에 들어가면 '감 깎기 품앗이'라는 게 있었어. 사람들은 이 동네에서 저 동네로 무리 지어 다니며 감 깎는 일을 근 보름이나 한 달 이상했지. 이때 외할머니가 오시기도 했고 아이들만 있는 집이 많아서 마을은 텅 비인 것 같았어. 이럴 때 오 남매는 이제나저제나 하고 감나무 밑에 앉아 동구 밖 느티나무를 돌아 나타나실 어머니를 기다렸어. 땅거미 내려앉고 어둑어둑해져도 어머니 모습은 보이지 않아 떨고 있을 때 '괜찮다고 곧 오실 거라고' 토닥여 주던 우리 유년의 결핍 속에 네가 늘 있었지.

작업한 감 껍질은 버리지 않고 겨울철 백설기 할 때 섞어서 떡을 하면 영양가도 좋았고 푹 끓여서 감차甘茶처럼 먹기도 했지. 떫은맛인 감 껍질에는 탄닌 성분과 비타민C가 많아 점막을 보호하는 역할을 해서 특별한 약이 없던 때 설사와 겨울철 감기 예방으로 어머니는 끓여 주셨어.

깎은 감은 가는 싸리나무 가지에 열 개씩 꿰어서 처마 밑에 달아놓고 아침저녁 서늘한 바람에 마르면 감탕甘湯 같은 곶감으로 변하지. 곶감이 제일 맛있을 때가 언젠지 알아. 겉은 마르고 속은 말랑말랑한 하얀 꽃이 막 피기 시작할 때야. 요즈음 반시라고 판매하는데 그것보다는 조금 더 겉이 말라야 제맛이 나. 이때 손을 많이 타서 어머니 몰래 중간에서 하나둘 빼 먹다 보면 나중에는 휑해지는데 그때 발각돼 혼쭐이 났지. 그래 생긴 말이 '곶감 빼먹듯'이야. 둘이 먹다가 하나 죽어도 모를 맛있는 걸 먹지 않으면 바보였어. 집안의 도둑을 알면서도 그냥 넘어가서 반은 아이들 몫으로 나머지는 명절 제사상에 올라가고 남은 것은 겨울철 간식으로 먹을 수 있었지. 먹을게 궁한 그 시절엔 그랬어.

하얀 꽃枾雪이 피고 다된 곶감은 손으로 납작납작하게 모양을 만들어 서늘한 곳에 보관했지. 오래된 곶감을 이젠 약으로도 먹는다지. 어머니가 손님이 오시면 대접한다고 보관하셨다 깜박 잊었던 오래된 곶감을 먹어 본 기억이 있어. 딱딱하면서도 달고 보약 먹는 것 같은 느낌이라고나 할까. 지금은 특상품으로 대접받고 있다니 너의 이름을 어떻게 불러야 할까.

언제 보아도 어떤 형태로 먹어도 새벽녘 싸한 감나무 향이 온몸을 감싸며 어머니 품처럼 따스한 그리움으로 다가오는 너.

― 2024. 12월

'더한옥카페'와 그녀들

　세상이 여린 연둣빛 생명으로 가득하다. 봄바람 타고 새잎의 싱그러움에 나도 울렁인다. 그녀들 만날 생각에 더 그렇다.
　북촌과 인사동 주변은 십수 년째 그녀들과의 만남 장소다. 여기 오면 고향에 온 것처럼 편안하다. 인사동은 여고 때 서예부에 들면서 드나들기 시작했다. 세월 따라 인사동 좁은 골목골목의 볼거리와 정겨움은 도시 정비 사업으로 많이 퇴색되기는 했으나 변화한 서울에서 이만한 곳도 없다.
　인사동 뒷골목을 거닐다 만나는 허름하지만 오래된 맛집 발견은 보물이라도 찾은 듯 신난다. 인사동을 살짝 벗어나 북촌의 가회동, 삼청동으로 걸음을 옮기면 고즈넉한 거리가 나온다. 분주한 도시에서 조금만 벗어나면 시간이 멈춘 듯 느림의 도시로 존재하는 곳이 북촌이다. 좁은 뒷골목, 저 꼬부라진 길 끄트머리에서 누가 부르면 그 소리가 햇살을 따라 물줄기처럼 달려올 것만 같다.
　점심 약속은 현대 그룹사옥 뒤편 북촌 골목 레스토랑으로 정했다. 뼈속까지 토종인 S를 제외하고는 다들 파스타, 피자를 좋아하는 친구들이다. 여고 친구들을 만나면 무엇이 그리도 즐겁고 재미있는지 웃음 연발이다. 식사 후, 우리는 재동의 동네 가운데 있는 우리 단골 '더한옥카페The Hanok cafe'로 옮겼다. 한옥의 자그마한 방들을 터서 개조한 카페로 ㄷ자 형이다. 카페로 들어가는 작은 나무 대문은 따뜻하게 우릴 맞는다. 그리 크지 않은 한옥 앞마당을 정원으로 꾸며 비나 눈이 오는 날은 더없이 운치도 있다. 내가 이곳을 자주 찾는 이유다.

벗들과 방 하나를 차지하고 앉으면 자연스럽게 결혼했거나 혼기가 찬 자녀들 이야기로 이어진다. 직업이 경찰청 공무원인 친구는 요즘 말로 모태솔로 골드미스다. 부모님은 혼기가 차기 전에 돌아가셔서 어찌어찌하다 보니 결혼할 시기를 놓쳤다. 이 친구를 보면 결혼할 나이가 되면 부모가 서둘러서 보내는 게 맞지 싶다. 그러나 요즘 시대가 부모가 등 떠밀어 낸다고 가는 세상도 아니니 자식 가진 사람으로 시집장가 보내는 것 또한 그리 쉽지가 않다.

혼기가 차고 넘쳤으나 갈 생각도 하지 않는 자녀들을 어떻게 하면 보낼 수 있나를 놓고 의견이 분분하다. 그러는 사이 남편과 자연스럽게 결혼하게 된 사연들이 나왔다. 내 나이 때는 중매결혼도 많이 할 때였다. S는 중매로 선을 봤는데 맘에 들지 않아 거절했다가 다시 연락이 와서 한 번 더 만나보자는 심사로 나갔는데 처음 봤을 때보다는 괜찮아서 결혼했단다.

J는 옆집 오빠가 '누나 누나' 하며 언니에게 기타를 가르쳐 주러 다녔다. 그는 그땐 그저 여동생처럼 생각했는데 군대 가서 유격 훈련 중 가장 힘든 코스에서 보고 싶은 사람 이름을 부른 게 친구였단다. 이름을 불러서 그랬는지 보고 싶더란다. 그래 군대 말년 휴가 때 친구를 만나고 삼 년 우여곡절 끝에 결혼하게 됐다는 이야기다. 그때까지도 J는 그냥 오빠로만 생각했기 때문에 이성으로 마

음을 바꾸기까지 애를 먹었다고 토로한다. 열 번 찍어 안 넘어가는 나무 없다는 말이 입증된 것일까. 요즘 그렇게 했다가는 아마도 데이트 폭력으로 신고대상일 것이다.

  사연을 들으며 결혼은 참으로 인연이 닿아야만 된다는 생각이 든다. 혼기가 찼으나 결혼할 생각을 않는 자녀를 위해서는 서둘러 보내야 한다는 것이 경험자들의 생각이다. 처음 만나서 맘에 안 들어도 최소한 세 번은 만나 보는 것이 좋은 사람을 놓치지 않는 방법이란 것도 본인의 경험과 먼저 결혼시킨 친구들 말이다. 마음에 썩 들지 않아도 결혼식장에서 30분만 견디면 된다는 말도 했다. 그러나 젊은이들이 들으며 수긍할 수 있을까? 어림도 없는 소리다. 그렇다고 미혼인 자식을 보고만 있기도 채근하기도 쉽지 않아 생손앓이 하는 친구도 있다.

  처음 인사동을 드나들 때와 지금은 주변 환경도 현저하게 달라져 있다. 그 변화만큼 가치관도 변했다. 세상만 변한 게 아니고 여고동창들 또한 이제는 자녀들 결혼과 손주들 보는 재미에 흠뻑 빠져있다. 어느새 꽃중년도 지나 할머니 소리를 듣는 '줌마니'. 오늘도 더한옥카페에서 시간 가는 줄 모르고 수다 삼매경에 빠진 우리에게 인심 좋은 여사장이 뜨겁고 달달한 겉바속촉 와플을 서비스로 내놓는다. 우리 수다에 들어갈 양념처럼.

- 2022. 2월

나의 케렌시아는 어디일까
– 목성균의 「부엌 궁둥이에 등을 기대고」를 읽고

    그가 우연히 발견한 나만의 쉴 곳. 부엌 궁둥이 담벼락의 따뜻함을 말하며 그 은밀함으로 인생 위기 때마다 그곳에서 위로를 얻고 앞으로 나갔던 삶. 어린 날 추운 겨울 부엌 궁둥이에 기대었을 때의 따뜻함을 나도 안다. 같은 장소는 아니어도 나 또한 그런 곳이 있었기에 그를 공감하며 공유할 수 있다.
    투박한 부엌 궁둥이의 따뜻한 담벼락에 기대어 선 그를 만난다. 젊은 청춘 꿈과 현실의 괴리로 울분을 위로하고 따뜻하고 은밀하게 은닉할 수 있는 곳. 나만의 케렌시아로 녹여 낼 수 있는 곳을 가진 그는 행운아다. 누군들 젊은 시절의 고뇌가 없었겠는가. 그 또한 고뇌하는 청춘일 때 우연히 발견하게 된 햇볕에 단 초가집 부엌 궁둥이. 그는 바람벽에 기대서서 젊은 인생의 화두를 잡고 고뇌하면 응결된 가슴이 열렸다고 고백했다.
    결혼해 새색시를 옆에 두고도 꿈을 향해 갈 것인가 말 것 인가로 아내 몰래 그곳을 찾았다. 색시에게 미안하게 생각하면서도 그만의 장소로 말이다. 혼자 객지로 나가 불투명한 삶을 전전할 때도 부엌 궁둥이의 은밀하고 따스함을 소환해 위로받고 앞으로 나갈 수 있었다. 시어른 모시고 갓난아기를 홀로 키우고 있는 아내에게 미안할 때도 부엌 궁둥이를 물려주고 온 것을 다행으로 여기며 스스로 위로했다.

일고여덟 살 때 일이다. 그날 어머니께 무슨 일로 꾸중을 들었는지 기억이 없다. 시무룩해서 혼자 감나무 밑에 앉아 있는데 햇살에 반짝이는 감나무잎과 감나무 향이 내 마음을 편안하게 해줬던 기억이 있다. 그 후로 울적하거나 속상한 일이 있으면 감나무 밑으로 갔다. 그런 기억 때문인지 서울살이 외롭고 그리울 때면 그때 맡았던 감나무 향을 끌어오곤 했다. 나이가 들면서 그 은닉 장소가 조금씩 바뀌기는 했어도 늘 있었다.

내게도 그 은닉 장소가 있었기에 여기까지 오지 않았나 싶다. 어린 나이에 엄마와 형제들과 떨어짐, 위로받고 보호받고 싶을 때 보호자의 부재는 두려움 그 자체였다. 그 후, 청년의 때에도 꿈은 멀고 현실은 따라주지 않을 때 책에서 찾으려 했다. 이런 불안과 두려움이 나로 하여 나만의 케렌시아를 늘 찾게 했지 싶다.

누구든 자기만의 숨 쉴 수 있는 곳을 가지고 있을 것이다. 그는 그것을 찾아냈고 삶이 암울하고 위태로울 때마다 소환해 내어 은닉하며 새로운 시간 속으로 나아갈 수 있었다. 병마로 인해서 그토록 원했던 학업도 중단하고 고향으로 내려간 그는 글쓰기를 못 할 절망 중에도 그를 위한 햇볕에 단 따뜻한 부엌 궁둥이는 거기에 있었다.

그는 '해님은 부엌 궁둥이를 신랑 새색시 궁둥이 탐닉하듯 온종일 바람벽에 머물렀다.' 같은 표현을 하곤 한다. 이는 전지적 작가 기법으로 쓴 것이다. 그의 작품 여러 곳에 이런 화법을 썼는데 화자가 아닌 제삼자 인물의 심리를 묘사한 성격을 만들어 내어 표현했다. 그가 수필에서도 섹슈얼한 문장을 쓸 수 있는 이유이며 소설 같은 느낌을 받는 이유다.

　남편으로 아내에 대한 도리와 애틋함이며 가장으로서 책임감을 섬세하게 표현하고 있다. 아버지에 대한 사랑도 직설적으로 표현하지 않았으나 은근하게 나타내고 있다. 그의 작품들에서 보면 아버지에 대한 가부장적인 권위에 대한 두려움과 미움이 있다. 그런데 영웅적인 행위로 승화되어 나타내고 있다. 그 시절 유교적인 사상에서 자란 그가 날것 그대로는 그릴 수 없었을 게다.

　아버지를 울분이나 분노로 표출하기보다는 같은 남성으로서 험난한 삶을 살아낸 그 시절 아버지로 표현했다. 아버지를 공감하는 또 다른 사랑으로 말이다. 작품 마지막 문장에서 본인은 부엌 궁둥이 벽담에서라도 울분을 토하고 위안을 얻어 앞으로 나갈 수 있었으나 그럴 여유조차 없었을 아버지를 그리고 있다. 바로 아버지에 대한 연민이다.

　그는 우리가 잊고 사는 사람의 정을 생각나게 하며 시대의 아픔을 겪은 윗세대의 아픔을 공유하고 사색하게 한다. 섹슈얼한 표현은 외설적이라기보다 웃음 짓게도 부드럽고 따뜻한 느낌으로 다가와 가슴을 데워주기도 한다. 사람 냄새나는 그의 작품은 책장 손에 닿는 곳에 둔다. 글 곳곳에 묻어 있는 애잔함도 슬픔도 결국에 따스함으로 승화시키는 그는 인생길에서 치열한 고뇌와 번뇌를 해보았고 해냈기에 이런 글들이 나왔을 것이다.

　다시 이 작품을 읽으며 지금의 내 케렌시아는 어디일까 생각해 본다. 이젠 내 영혼이 번잡하고 혼탁해질 때면 언제나 그분 앞으로 나아가 쉼을 얻는다. 이 모든 만물을 창조하시고 나를 창조하신 그분의 발 앞에 엎드린다. 바로 나의 케렌시아는 하나님의 아들 예수 그분이다.

-2025. 1월

겉바속촉

고소하고 구수한 냄새다. 녹두전 부치는 냄새가 온 집안을 흘러 다닌다. 맛과 영양은 다른 부침개보다 월등하나 만드는 수고스러움에 비해 그 대접을 못 받은 음식이다. 근래 와서야 현대인의 환경호르몬을 해독해 주는 성분이 있다고 해서 몸값이 올라갔다.

이 음식은 맷돌에다 녹두를 타야 하는 번거로움이 있어 큰마음 먹어야 먹을 수 있다. 명절이 아니면 집안에서 잘하지 않는다. 녹두 속에 어떤 재료를 넣느냐에 따라 영양가도 맛도 달라진다. 이런 수고로움에도 겉은 바삭 속은 촉촉한 그 맛을 식구들이 다 좋아해 오늘도 전을 부친다.

몇 년 전 시어머님이 앞마당 텃밭에 듬성듬성 심심풀이로 녹두를 심었다. 기대하지 않은 밭에서 생각지도 못한 꽤 많은 녹두를 땄다. 어머님이 주신 녹두로 녹두전을 해서 드리니 반색을 하시며 좋아하셨다. 그때부터 어머님의 녹두 심기는 텃밭 한 귀퉁이가 아닌 앞마당 정원 한가운데까지 침범했다. 바로 겉은 바삭한데 속은 촉촉한 매력 때문이었다.

우리 집 건너편에 자매가 하는 작은 곡물 빵집이 있다. 빵이 나오는 시각은 10~11시이다. 진열장 앞에서 흰 모자를 쓴 아가씨가 한 김 식힌 빵을 트롤리로 끌고 와 진열하는 그 평화스러운 모습이 그림처럼 좋다. 그 앞을 지나가면 갓 구워낸 빵 냄새가 코로 입으로 들어와서 그냥 지나치지 못하고, 언제부터인지 빵을 고르는 일은 내겐 소소한 일상의 기쁨이 됐다.

 곡물 바게트와 남편이 좋아하는 검은 올리브가 보석처럼 박혀 있는 부드럽고 촉촉한 치아바타에 크로와상 한 개를 얹는다. 작은 빵집은 몇 개의 테이블을 창을 열고 옆으로 살짝 붙여 테라스처럼 해놓았다. 그래 그곳에 앉으면 누구의 시선도 받지 않는 혼자만의 여유가 좋아 종종 찾는다. 막 내린 뜨거운 아메리카노에 바게트를 찍으면 딱딱했던 겉이 촉촉해지며 입안을 부드럽게 감싼다. 바싹한 것을 그냥 먹으면 탁자와 앞자락에 빵부스러기가 바스스 떨어지는 것도 좋다.

 서양에 바게트빵이 있다면 우리는 녹두전이 아닐까. 겉바속촉은 같으나 맛과 분위기는 완전히 다르다. 그런데 가만히 보면 닮은 구석이 많다. 녹두전은 만들기까지 참 손이 많이 가는 음식이다. 그런데 맛도 영양도 좋다. 바게트빵은 빈 듯하나 각자의 취향에 따라 그 모습과 맛을 다르게 낼 수 있는 요술쟁이다. 둘 다 겉모습은 화려하지 않으나 내면은 알차고, 속은 말랑한데 겉은 바삭하다.

 생각해 보면 사람도 처음부터 착하고 말랑말랑해 보이는 사람보다 다소 차갑고 새침한 사람에게 더 끌리는 것 같다. 조금은 서늘한 느낌이 나는 그런 사람. 그렇다고 속까지 까칠한 사람은 당연히 아니다. 무뚝뚝하고 단단해서 찔러도 피 한 방울 날 것 같지 않은 사람이 인간미를 발휘할 때 반전 매력은 겉 바삭 속 촉이지 싶다.

　상처가 많은 사람일수록 내면이 약한 사람일수록 상처받지 않으려고 연막을 치는 게 아닐까. 달팽이가 연한 속살을 단단한 껍질 속에 감추듯 연하고 부드러운 제 살을 다치지 않으려 방어막을 치는 것 같은. 갑각류처럼 껍질이 단단한 것들은 대체로 상처받기 쉬운 속살을 지녔다. 제 연약함을 들키지 않으려 단단하게 껍질 같은 것으로 위장하여 속내를 감싸고 있다. 사람도 그렇지 싶다.

　튀기듯이 노릇노릇하게 잘 구워진 녹두전을 뒤집는다. 그 냄새에 집안이 살아난다. 참치간장에 청양고추 송송 썰어 넣고, 겉 바삭 속 촉한 녹두전 한 젓가락 위에 청양고추 한 점 올려 먹으면 행복이지. 행복이 별건가.

― 2021.9월

메리와 만두

 이른 새벽이다. 시댁으로 들어가는 개천 다리를 건너자 '컹컹 왈왈' 동네를 깨운다. 큰 놈 메리는 오 년 된 진돗개 믹스견 수컷으로 중견中犬 시고르자브 종이다. 한 달 전 남편이 입양해 온 작은놈 만두는 이제 석 달 지나고 있는 보더콜리 수컷이다. 키울 사람은 시어머님뿐인데 남편은 일언반구 의논 없이 녀석을 데리고 왔다. 깜짝쇼 같은 반칙이다.
 지금 있는 메리도 어머니에게는 버거우신지라 난감했다. 처음 만두가 집에 오던 날, 아예 내다보시지도 않아 내심 걱정이 됐다. 남편은 당신을 대신해 어머니께 잘 말씀드리란다. 일은 본인이 저질로 놓고 수습하란다. 보지 않아도 뻔하다. 친구인 견주가 세계에서 제일 머리 좋은 개라는 말에 홀딱 빠진 게다. 전체가 까만색으로 털이 반질반질한 게 반달곰처럼 이마로 해서 턱 앞발 뒷발이 흰색이면서 귀티가 났다. 친구의 설명이 그럴싸했고 눈으로도 현혹되어서 덜렁 안고 온 게다.
 어머님에게 사랑받으며 잘 있어 주기를 바랐으나, 얼마 지나지 않아 보는 대로 끄집어내 물어뜯고 똥오줌을 아무 곳에나 싼다고 야단이시다. 한창 잇몸도 근질근질 세상이 호기심뿐이니 천방지축일 수밖에. 어머님 성가시지 않도록 갈 때마다 한 가지씩 훈련을 시켰더니 제법 잊지 않고 잘했다. 남편보다 내가 점점 녀석에 빠져들었다.

우리가 동구 밖에만 들어서도 짖던 메리가 언제부턴가 본 둥 만 둥 짖지도 않고 꼬리만 슬렁슬렁 흔든다. 집으로 올 때 이름을 불러도 '가시든지 마시든지'면 산만 쳐다본다. 아파서 그런가 싶어 어머니께 여쭸다.

"어머님 메리 밥은 잘 먹어요?"

"그래, 잘 먹는다."

"그래요? 그런데 왜 우리가 와도 짖지도 않고 이상해요."

"글쎄 말이다. 아침에 내가 문만 열어도 귀신같이 알고 제집에서 뛰어나와 짖는데 요즘은 꼬리만 두어 번 흔들고 들어간다" 하신다. 아차 싶었다. 오는 사람마다 만두만 관심을 가져 상처를 입었던 게다. 그래도 그렇지 벙어리가 됐다는 게 믿기지 않았다. 하여 시댁엘 가면 메리부터 챙기고 마음 줬더니 거짓말같이 예전으로 돌아왔다. 말 못 하는 짐승도 이러한데 사람은 오죽할까 싶었다.

우리는 아들딸 남매다. 큰아이는 아들로 어릴 때부터 병치레가 잦고 밥을 약 먹듯이 먹었다. 귀하고 맛난 게 있으면 으레 큰아이 밥 위에 올려졌다. 어느 날 본가에서 밥을 먹던 작은 아이가 수저를 놓더니 울먹이며 밥을 안 먹겠단다. 왜 그러냐 물으니 닭똥 같은 눈물을 뚝뚝 흘리며 "엄마 아빠 할머니도 맛있는 건 항상 오빠 밥 위에 올려주고 오빠 앞으로만 반찬을 밀어주잖아" 한다.

그날 할머니가 오빠를 챙겨주고 저도 줄줄 알았는데 고기를 다 먹을 때까지 제 차례가 오지 않자 그동안의 서러움이 폭발해 버린 게다. 작은 아이 초등학교 저학년 때 일로 그렇게 한바탕 홍역을 치렀다.

당신 나름대로 마땅치 않았는데 메리를 벙어리로 만든 요 새까맣고 작은놈이 이쁠 리가 있겠는가. 어머님 전화는 매일 만두가 저지른 일로 시작해서 그 일로 끝맺으셨다. 급기야 우리가 마당을 쓸려고 빗자루만 들어도 녀석은 두려워 떨며 구석진 곳으로 숨었다. 남편도 상황을 파악한 듯 퉁명스럽게 잘 키울 수 있는 사람을 찾아보란다. 수소문한 끝에 농장을 하는 지인에게 보내기로 했다.

이 일에 왜 내 어릴 적 생각이 날까. 내가 초등학교 삼학년 초, 엄마는 서울 한남동 고모에게 나를 양녀로 맡겼다. 떨어지지 않으려는 나를 삼일 밤만 자고 데리러 오겠다 하고서 해가 떨어지는 저녁 무렵, 총총히 골목길을 벗어나던 엄마의 뒷모습. 금방이라도 "희야, 엄마다" 부르시며 오실 것만 같았던 날들. 매일 노을 질 때면 대문 앞에 앉아 골목 안으로 들어설 엄마를 기다렸다.

눈물 보따리 하나 안고 사는 그때, 고모네 집에 놀러 온 내 또래 친척 아이의 '너네 집에 가'라는 말에 집을 나왔다. 무작정 앞으로 가면 집으로 갈 수 있을 것 같았던 날. 한참을 걸었는데 모르는 곳이다. 어떻게 다시 집을 찾아갔는지 기억에 없다. 가끔은 숨을 멎게 하던 아픈 잔상이다.

만두는 목줄을 풀어주자 메리에게 달려들어 인정사정 봐주지 않는다. 사 개월째 접어든 녀석은 힘이 넘쳐난다. 한참을 놀아주던 메리는 힘에 부쳤는지 털썩 주저앉고 녀석은 여전하다. 그사이에 끼어든 카톡의 문자는 이번 주는 유사라 못 오고 다음 주에 데리러 오겠단다. 반가웠다, 한 주 더 볼 수 있어서.

내게도 물고 늘어지며 장난치는 녀석이 파양되지 않고 사랑받으며 잘 살아주기를 바라며 머리를 쓰다듬었다.

− 《한국수필》 2024. 12월호

바지랑대

 빨래가 그네를 탄다. 앞마당에 금방 빨아 널은 이불빨래가 바지랑대 받쳐둔 빨랫줄에서 작은 깃발 큰 깃발이 돼 휘날린다.
 바람과 햇볕이 좋은 사오월이나 시월이면 이불빨래는 의정부 시댁 집으로 가져간다. 앞마당에 바지랑대 받쳐 빨래를 너는 게 좋고 무량無量하게 쏟아지는 볕이 아까워서다. 빨랫줄에서 빨래들의 이유 있는 풍경, 그 시절의 그리움 때문인지도 모르겠다. 의정부 시댁 너른 마당은 빨래 널기는 그저 그만이다. 빨래에서 나는 바람과 햇볕 냄새가 좋다. 친정어머니는 볕 좋은 날이면 햇볕이 아깝다 시며 묵은 옷가지며 겨울 이불을 거풍擧風 하셨다.
 바지랑대 받쳐둔 이불 홑청이 바람에 휘날릴 때면 그냥 좋다. 강아지 만두가 펄럭이는 빨래 꼬리를 잡아보려고 이리 뛰고 저리 뛰며 폴짝거리고 있다. 어린 시절 어머니가 이불 홑청을 빨아서 널어놓는 날이면 까상까상한 홑청 사이로 우리는 숨바꼭질 했다. 이불 사이로 숨고 숨기를 하다, 바지랑대가 넘어져 이불에 흙이 묻어서 어머니께 혼쭐이 난 적이 한두 번이 아니다. 그래도 그런 날은 어머니가 있어서 마냥 좋기만 했다.
 빨랫줄에 빨래를 보면 그 집 호구조사가 다 된다. 아이들 빨래가 많으면 자식이 어리고 교복이면 학교 다니는 청소년이요 군복이 펄럭이면 군에 갔던 아들이 휴가를 나온 것이다. 집을 나가 오랫동안 소식도 없는 남편 옷을 널어놓기도 했다. 어머니가 아버지 돌아가시고 얼마 동안 맷돌 위에 아버지 하얀 고무신을 올려놓았듯.

결혼하고 오 년 만에 큰아이를 가지자 친정어머니는 옥양목 천을 뜨다가 아이 기저귀를 만들어 오셨다. 그때도 지금처럼 일회용 기저귀가 있었으나 나도 엄마도 아이 건강에는 천이 좋다며 옥양목으로 했다. 오 년 만에 태어난 장손인 줄 알았는지 한 시도 손에서 떨어지지 않고 보채기만 하는 아기. 자지도 먹지도 않는 아이를 업고 엎드려서 잠깐씩 자는 게 다반사였다.

아이도 나도 지쳤다. 의학적으로는 아무런 병이 없고 소화 기능이 약해서라는 진단이다. 아이가 자지 않으니 기저귀도 자주 갈아야 했다. 잠시 아기가 자는 틈에 기저귀를 빨아 볕이 잘 드는 옥상에 넌다. 바람과 햇볕에 바싹 마른 기저귀를 걷어와 차곡차곡 개어 바구니 한가득 쌓아 놓으면 부자나 된 양 행복했고, 아이한테 지친 심신이 조금이나마 회복되는 즐거움도 있었다.

작년에 결혼한 딸아이가 와서 빨래 건조기 예찬이 대단하다. 엄마는 왜 힘들게 이불빨래를 의정부까지 가져가냐며 당장 건조기를 사란다. 아니면 저희집에 와서 빨든지. 이불빨래는 자고로 볕에서 말려야 한다는 말을 딸은 어찌 이해할 수 있겠나. 그런 정서도 따가운 햇볕과 바람 냄새도 맡아보고 자란 세대가 아닌걸.

여름날 어머니를 따라 낙동강변으로 빨래하러 갔던 기억이 아슴아슴하다. 우리는 어머니 곁에서 물장구치고 놀았다. 그러다 허기진 배를 움켜쥐고 그늘에 누워서 흘러가는 구름과 같이 흘러가기도 멈추기도 했다. 그 사이 어머니가 널어놓은 빨래는 바지랑대 없이도 한여름 달궈진 자갈 위에서 금방 말랐다. 여름 햇빛에 반짝이는 강물 옆, 백사장 위 하얀 이불 홑청은 신비로웠다.

빨랫줄에 빨래가 널려 있다는 것은 어머니가 집에 있다는 게다. 바람에 나부끼는 값나갈 것 없는 우리 옷도 빨랫줄 받쳐 놓은 바지랑대의 흔들거림도 예뻐 보였던 날. 바지랑대는 그 시절 세상의 모든 어머니를 닮았다. 자신의 몸에 의지하고 있는 빨랫줄의 무게는 균형을 잡지 않고는 버틸 수 없다. 그 버거움을 견뎌내셨던 나의 어머니 우리의 어머니들.

가을날 마른 볕이 빨래에 사정없이 쏟아붓고 바지랑대 끝에 빨간 고추잠자리 한 마리 앉아 있다.

- 2023. 10월

빈집 1

왜 그날이 생각날까. 고 1학년 국정 공휴일이라 하루만 있다가 오려고 어머니께 미처 연락 드릴 틈도 없이 시골집으로 내려간 날이다.

"엄마 저 왔어요"

버선발로 뛰어나오실 어머닌데 기척이 없으시다. 봉당 댓돌 위에는 어머니 고무신이 가지런한데 어딜 가신 걸까. 얼른 장독대가 있는 뒤안으로 갔다. 어머닌 없고 뒤꼍에 대나무 부딪히는 소리만 서걱서걱 서늘했다.

적요만이 감도는 뒤뜰을 뒤돌아 나오다 장독대 곁 감나무에 눈이 멎었다. 가을로 접어든 무렵이라 감은 윗도리는 주황 아랫도리는 초록 옷을 입고 가지가 휘어지도록 여름내 맺은 열매를 주렁주렁 달고 있다. 그런 나무가 내게 말을 건다. '괜찮아 기다리면 돼'라고 나를 토닥인다. 그날 어머니가 언제 오셨는지 기억에 없다. 다만 어머니 없는 빈집의 고요함으로 불안했던 마음을 감나무로 인해 위로받았던 기억만이 뇌리에 선명하게 남아있다.

이제 현관문을 열고 들어가도 '엄마'하고 뛰어나올 아이들은 없다. 큰아이는 제 방에서 그저 '잘 다녀오셨어요'하면 그만이고 작은아이는 결혼해서 떠났다. 집안은 그들의 부산함도 요구사항도 없어 한동안 몸도 편하고 나름의 내 시간도 있어서 좋았다. 그것도 잠시 어딘가서 '엄마'하고 부르는 환청 같은 소리가 들리는 듯하여 돌아보면 아무도 없기를 여러 번이다.

  딸아이가 마음 내킬 때 쳐주던 쇼팽의 '즉흥환상곡' '녹턴 2번'을 듣는 게 작은 행복이었는데 그 피아노 선율이 그립다. 아들 녀석과는 마주 보며 얼굴을 들여다보고 몸을 비벼 본 지 이미 오래다. 장성하여 부모 곁을 떠나는 것이 당연하나 둘 중 하나만 떠났는데도 이리 집이 썰렁하다.

  고교시절 두 언니가 결혼해서 떠난 겨울 늦은 밤, 불 꺼진 방이 싫어서 밖에서 한참을 배회하다 문을 열고 들어간 방, 냉기만이 감도는 적막함에 몸서리쳤었다. 아니 어쩌면 어릴 적 해가 뉘엿뉘엿 져도 오시지 않는 어머니를 오 남매가 감나무 밑에서 기다렸던 일이, 내 영혼의 깊은 곳에 자리 잡고 있었기 때문이 아니었을까 싶기도 하다. 그 시간은 불안함이 슬픔보다 더했었다.

  그때 각인된 불안감은 결혼해서 엄마 없는 집에 아이들이 먼저 들어오는 일이 없이 하겠다는 생각으로 나름대로 애를 많이 썼다. 아이들에게 물어보지는 않았으나 그런 상처가 없었기를 바랄 뿐이다.

  이제는 혼집 혼밥이 일상인 시대에 살고 있다. 아이들도 빈집에 들어오는 걸 개의치 않는 것 같다. 오히려 가족과 떨어져 살기를 바라고 편하게 생각하는 것 같기도 하다. 세상이 그만큼 변했고 가치관도 변했다. 부모 세대는 함께 사는 게 미덕이고 다복한 가정이라 했는데 현실은 그러하지 못하다. 연로하신 시부모님을 뵈면 대가족으로 사는 게 '맞다'라는 생각이 절로 든다. 나이가 들수록 식욕의 감퇴로 먹는 게 부실해지는데 함께 밥을 먹으면 없던 식욕도 생기고, 가족을 위해서라도 이것저것 해서 먹어야 하니 활력도 생긴다.

시어머님은 자식들에겐 관심이 없고 오로지 손주 사랑이다. 손주들 여자친구도 관리하시며 우리보다 더 관심이 많다. 대식구로 살면 특별히 챙겨드리지 않아도 손주들 재롱도 보고, 자연히 서로에게 관심을 가지고 대화도 하니 치매도 더디 올 수밖에 없다. 뿐만이 아니라 외출해서 돌아온 집에 사람이 있으니 얼마나 훈훈한가. 나부터 실천하지 못하고 있으니 말해 무엇하랴.

요즘 새로운 풍속도가 생겨나고 있다. 부모를 모시려고 들어오는 게 아니라 자신들의 필요에 따라 본가나 처가로 들어가는 자식들이 늘고 있다. 아이들 육아 문제와 경제적 필요 때문이긴 하나 그것도 좋은 방법이라 생각한다. 조부모로부터 육아 방법도 삶의 지혜도 배우고 부모들은 손주 보는 재미로 활력을 얻고 아이들은 함께하는 문화에서 사회성을 배울 기회 되니 말이다.

아무리 세상이 변해도 빈집 좋아할 사람은 없을 것이다. 아이들 흔적을 마음에서만 찾을 수 있고 눈에서 찾을 수 없는 게 아직은 허전하다. 이젠 아들도 제 짝을 찾아 떠날 것이고 빈집일 때가 많을 텐데 서서히 적응해야 할 나이다. 집뿐 아니라 물건도 비우고 그동안 바빠서 관심을 가지지 못한 일이나 가까이 있는 사람들에게 더 마음을 둘 일이다.

그날 어머니 없던 고향 집의 적요함이 내 온몸으로 느껴지듯 오늘따라 아이들 없는 빈집이 내게 크게 다가온다.

− 2022.10월

섬진강, 연둣빛 생명이여

　홍매화 사진이다. 화엄사 홍매화를 보고 오셨다고 문단 선배님이 카톡에 붉디붉은 사진을 올리셨다. 말 떨어지면 그곳에 가 계시는 바람처럼 움직이는 분이다.

　마음이 급해졌다. 봄마중도 못하고 이 계절이 갈까 봐서다. 언제나 남보다 먼저 움직여 계절을 몸으로 맞는 선배님을 그저 부러움 반 존경심 반으로 바라보며 있는데, 기다리던 곳에서 소식이 왔다. 하동 섬진강변 걷기와 평사리 트레킹코스다.

　설렘으로 서울을 벗어나 한참을 달려 남도로 접어들자 산들은 차츰 낮고 완만하며 넓게 퍼져있어 부드럽고 아늑했다. 구례 톨게이트를 통과하자 벚나무가 한두 그루씩 보이기 시작했다. 조금씩 보이던 벚꽃이 갈수록 하얀 꽃길로 맞는다. 벙근 나무들 대부분이 아름드리 고목으로 한쪽 날개를 잃은 것도 아예 쓰러져 고사가 된 나무도 더러 있어 안타깝게 한다. 작년 수마水魔가 할퀴고 간 상처다.

　구례에서 승객 일부가 내리고 하동 화개장터를 향해 고속도로가 아닌 옛길로 들어섰다. 길은 상하행선 2차선이다. 어릴 적 버스가 지나가고 나면 뿌연 먼지가 일어 그 뒤를 아이들과 달음박질하던 그 신작로다. 그때는 흙길이요 지금은 아스팔트다. 버스가 더디 가도 정겹기만 하다. 동네 좁은 길에서는 한쪽 차가 지나는 동안 기다렸다 가는 길도 있어 아슴아슴한 그리움이 피어올랐다. 차가 쉬고 있는 동안 고샅길, 그 어디 즈음에서 동무 이름을 부르면 금방이라도 골목에서 뛰어나올 것만 같은 행복도 누렸다.

　소설 '토지'의 무대인지라 초등학교 이름도 토지 파출소 이름도 토지다. 펜의 위력을 새삼 느끼며 사람은 갔으나 그의 작품은 영원히 남아 우리를 그때로 되돌린다. 섬진강을 오른쪽으로 끼고, 화개장터를 향해 달리며 수 없이 이 길을 오갔을 길상과 서희 아씨와 그 주인공들이 지나간다. 한참 들녘을 지나 화개터미널에 도착했다. 상상했던 것보다 작고 한적한 시골 마을로 버스 두어 대 정도 정차하면 꽉 찰 정도로 협소했다.

　섬진강을 왼쪽에 두고 오른쪽으로 가면 우리나라 '10대 아름다운길'로 선정된 쌍계사요 다리를 건너면 화개장터다. 그 옛날 장터에 가려면 배로 강을 건너야만 갈 수 있었을 터였지만 지금은 다리가 있어 건너면 바로 화개장터다. 화개터미널 자리는 모든 문물이 드나들던 시끌벅적했던 자리며 이별과 만남의 숱한 애환이 서린 나루터다.

　장터 따라 화개삼거리를 지나자 보성강과 합쳐져 섬진강 530리길 남도대교가 보이는 초입에 이르렀다. 섬진강을 사이에 두고 다리 저쪽은 전라도 구례, 이쪽은 경상도 하동이다. 우리 일행은 남도대교를 건너지 않고 강 뚝방길로 내려갔다. 위의 시끌벅적함은 간곳없고 아래로 넓은 모래사장과 잔잔한 강물 위 반짝이며 흐르는 윤슬이 평화롭기만 하다. 아직 겨울의 흔적이 남아있는 갈대와 작년 홍수에 흙으로 뒤덮였던 상흔들이 여기저기 있다. 그러함에도 부드러운 흙의 촉감은 내 영혼을 깨우기에 충분했다.

넓은 강, 물은 많지 않으나 맑기가 거울 같고 일렁이는 물결 따라가다 보면 물까마귀떼 물을 찾아 목을 축이고, 강 건너 어부가 투망 던지는 광경이 평화롭기만 한데, 금방이라도 물고기가 튀어나올 듯 어부의 팔뚝에선 물고기의 번뜩이는 생명력이 3월 봄 햇살과 어우러져 눈부시다.

뚝방을 오르자 모래와 진흙을 뒤집어쓴 채 파릇파릇 들풀이 융단처럼 펼쳐져 자연의 생명력에 숙연해졌다. 그때 풀섶에 숨어 있던 보라와 하얀 들꽃이 바람 한 점 없는 강가에서 우릴 맞는다. 강변 오솔길에서 만나는 여린 연둣빛 생명은 오히려 내 심령을 말갛게 씻기며 어루만졌다. 자연의 생명력에 어찌 찬양하지 않을 수 있으리.

척박한 환경에도 얼굴 내민 어린것들로 해서 절로 콧노래가 나왔다. 모래와 흙이 반반 섞인 강변의 넓은 차밭은 누런 떡잎이 덮고 있어 물난리 때문인지 겨울잠에서 덜 깨어난 것인지, 아직은 드물게 새잎이 빼주룩이 얼굴을 내밀고 작년 큰 난리에도 살아 생명을 싹틔우고 있으니 그저 고맙기만 하다.

방풍을 목적으로 대나무를 뚝방에 심은 곳은 그나마 피해가 덜했고, 그렇지 않은 곳은 나무가 뿌리째 뽑히고, 길이 끊어지고, 무너진 곳도 여러 군데가 있어 보수공사 중이다. 강물이 더 넓은 백사장을 가득 채우고도 높은 도로 위까지 올라왔으니 말해 무엇하랴. 살아남은 우듬지 끄트머리엔 흰 깃발 검은 깃발을 달고 있다. 문명의 이기인 비닐봉지다. 청정지역인 섬진강도 예외는 아니었다. 비닐이라는 신물질로 우리의 생활은 편리해 졌으나 이제 그 폐해로 몸살을 앓고 있다. 인간이 자연을 생각하지 않고 편리만 좇은 자업자득인가.

 이런 생각에 젖어 있는데 험한 물난리에서도 쓰러지거나 죽지 않은 나무가 있으니 소나무다. 강 둑방에 거의 눕다시피 땅에 몸을 댄 것도 있고 기우뚱 금방이라도 쓰러질 듯한 것도 있으나 청청한 그대로다. 옛 선인들이 왜 소나무를 칭송했는지 눈으로 보고서야 그 진가를 알겠다.

 섬진강 등짝에는 그가 톺아온 세상의 기억이 알뜰살뜰 새겨져 있다. 유장한 물길 구불구불 흐르며 말을 할 줄 안다면 얼마나 많은 이야기가 있겠는가. 오늘도 강은 말없이 유유히 흐르고 있다. 그 옛날 뱃사공의 구슬픈 노래도 왜구의 침입도 같은 민족이 둘로 갈라져 서로 적이 되어 피비린내 날 때도 지금도 가는 이 보내고 오는 이 맞는 일을 여적하고 있다.

 시간상 오늘은 평사리까지 둘러보기는 촉박했다. 섬진강을 제대로 보려면 달밤에 보아야 한다는 현지인의 말을 듣고 귀가 솔깃했다. 그러나 아쉬운 마음 다잡으며 다음을 기약하고 막차가 끊어지기 전에 화개터미널로 발걸음을 옮겼다. 때마침 불어오는 강바람에 화개골을 뒤덮은 연분홍 벚꽃이 하롱하롱 이울어 차마 돌아서지 못하는 마음을 아는지 꽃길을 만든다.

 꽃잎은 섬진강 물결 따라 꽃비 되어 흐르는데 수마가 할퀴고 간 자국들엔 상처를 보듬으며 다시 새 생명이 돋아나 강변을 채우고, 일 년 전의 아픔을 잊은 듯 강물 따라 반짝이며 윤슬은 봄을 노래하고 있다.

－《문학한국》 2022. 봄호

어느 수집가의 초대*

 가을의 문턱이다. 하늘은 비를 잔뜩 머금고 있다. 초대장 없는 하객이 국립중앙박물관 마당에 가득하다.
 초대장을 가진 사람은 들어갈 수 있으나, 없는 사람은 초대된 사람이 빠진 수만큼만 들어갈 수 있어 무작정 기다려야 했다. 마침내 다섯 시간 반을 기다린 끝에 초대되었다. 꼬박 일 년을 기다린 결과다. 작품을 함께 즐기자고 초대한 수집가의 집으로 벅찬 마음 안고 들어갔다.
 집 입구에 사람 얼굴 모양을 한 석조물이 우뚝 서 두 손을 모으고 손님을 맞는다. 민머리 이마에 백호가 그려져 있고, 키가 작은 석인상은 두 손을 앞으로 모으고 토끼 같은 것을 잡고 있다. 설명에 잡귀를 쫓아내거나 마을의 약한 걸 메워주는 장승과 같은 역할이란다. 그런데 그 표정이 단순하지만 다채롭다. 무뚝뚝하고 어수룩한 표정이 소원을 들어줄 신령한 존재로 권위적이지 않고 친근하여 우리 선조의 속뜻이 궁금했다.
 '우리 집을 소개합니다'라는 안내에 따라 궁궐 문처럼 위가 둥근 점토로 된 문으로 안내되었다. 황토 빛깔 엷은 붉은색은 따뜻하고 부드러운 느낌이다. 우리나라 근현대 조각의 선구자 권진규의 점토에 붉은색을 칠한 부조물이다. 붉은 문을 지나 수집가의 집 수집품이 만들어진 과거의 시간 속으로 들어갔다.

집안으로 들어서자 기와집 아래 황토 위 선으로만 표현된 노부부가 누워 있는 임옥상의 〈김씨 연대기 11〉다. 그 어떤 설명이 없어도 노부부가 가족을 지키고 가문을 지키기 위해 터전을 일구어낸 삶이 고스란히 느껴졌다. 윗세대의 희생을 기둥 삼아, 가족과 함께 단란하게 살아갈 수 있는 현재의 토대를 마련해 준 그림은 조용하고도 은근하게 내게 말을 건네고 있다.

콧수염이 난 자신과 부인과 아들을 그린 장욱진의 〈가족〉, 박수근의 〈아기 업은 소녀〉, 이중섭의 〈춤추는 가족〉 등 가족을 주제로 한 따뜻한 그림들 앞에서 나날이 삭막해져 가는 현재 우리 가족 공동체를 생각하며 한참을 머물렀다. 이중섭의 〈현해탄〉, 그림 속에서 그는 통통배를 타고 대한해협을 건너 아내와 두 아들을 만나러 가고 있는데, 얼마나 기뻤으면 머리가 완전히 뒤로 젖혀진 얼굴을 그렸을까. 그의 생 전부였던 애타게 그리워하던 가족을 만나러 가는데 왜 아니 그랬겠는가.

수집가는 정약용의 〈정효자전〉〈정부인전〉으로 우리를 안내한다. 다산 정약용 선생이 강진 유배 시절 정여주의 요청으로 서른 살에 세상을 떠난 그의 아들 정관일이 생전에 했던 효행을 적은 글과 자신의 며느리이자 정관일의 부인 김 씨 자녀를 제대로 양육하겠다는 마음가짐의 글을 다산 선생에게 부탁해 써 간 작품이다.

그에 못지않게 선생 역시 유배지에서도 아내가 보내온 시집올 때 입었던 다섯 폭 낡은 비단 치마를 70여 장으로 자르고 다듬어 하피첩霞帔帖을 만들었다.

시집가는 딸에게는 축하와 당부의 말을, 아들들에게는 가장으로서 선비로서의 도를 적어 보냈다. 집안 어른으로서의 위계질서와 해야 할 도리를 자식들에게 보여준 우리 선조들의 지혜를 보며, 잠시 어른이 없는 이 시대를 돌아보게 된다. 그것은 아이들의 잘못이 아닌 제대로 가르치지 못한 어른들의 잘못이 아닐까도 생각해 보며.

다리가 피곤할 즈음 삼층장과 작은 서랍 일흔두 개가 있는 약장과 삿다리 장식 삼층장이며, 안방에 있어야 할 반닫이장이 놓여 있는 사랑방으로 안내되었다. 어릴 적 귀한 손님이 오시면 어머니는 평소에는 쓰지 않던 상다리가 곡선이면서도 정교한 작은 상에 다과를 내오셨던 기억이 또렷하다. 기획된 자리에 앉자 영상과 함께 잘 차려진 구족반* 다과상이 내 앞에 있다. 손님으로 주인과 겸상하여 이 공간의 것들을 은근하게 공유하며 교감하란다.

기와 처마 끝으로 비는 흘러내리고, 세상은 고요한데 낙숫물 떨어지는 소리와 나뭇잎에 후드득후드득 빗방울 듣는 소리만이 들린다. 그때 주인이 내온 따끈한 차 한 잔에 나를 맡기며 사색에 젖어 잠시나마 여유자적餘裕自適 조선의 선비가 되어보고 일어설 즈음, 비는 그치고 멀리 앞산 능선으로 비구름이 빠르게 지나간다. 이 모든 게 영상이었으나 손님으로 대접받으며 주인의 내밀한 삶을 들여다보고, 잠시 나를 돌아보는 사색의 시간을 가지며 쉼과 여유가 있는 풍류까지 즐겼다.

주인은 다시 객을 모네의 정원으로 데리고 간다. 〈수련이 있는 연못〉이다. 1917년부터 1920년 사이 그린 것으로 그림을 영상으로 바닥과 벽면에 비추어

내가 수련이 있는 연못에 들어와 거닐고 있는 양 착각을 일으켰다. 집에 초대된 손님들의 즐거워하는 모습도 학생들의 생동감 넘치는 왁자함도 유쾌했다. 이런 발상의 기획이 신선했고 세계 어디에 내어놓아도 최고의 경지로 인정받을 우리 문화콘텐츠는 이제 그 위상에 자부심을 느끼며 박수를 보냈다.

예술에는 자연에 대한 인간의 감각과 반응이 담겨있다. 인간은 자연을 이해하고 자신의 방식대로 표현해 왔다. 자연은 인간에게 먹거리를 내어주는 어머니 같은 공간이며, 맨몸으로 감당하기 어려운 시련을 주는 공간이기도 하다. 인간에게 가장 편안한 자연은 길들인 자연일 것이다. 그런 삼국시대 흙으로 빚은 토우장식 그릇과 소 말 모양 명기 등이 그곳에 그득했다.

다시 수집가를 따라간 곳에서 겸재 정선의 〈인왕제색도仁王霽色圖〉와 조우했다. 그림 오른쪽에 글이 있다. 첫 줄 '인왕제색仁王霽色' 즉 '인왕산 비가 개다'이다. 다음은 정선의 호인 '겸재謙齋' 마지막엔 '신미윤월하완辛未閏月下浣'이라 적혀 있다. 작년 서대문인 돈의문 성곽을 돌 때 선바위에서 아래를 내려다보질 못했다. 천 길 낭떠러지여서 오금이 저려 슬금슬금 기어 치마바위를 건너갔던 생각을 하며 그림 앞에 섰다.

인사동 네거리 어디쯤에서 인왕산을 바라보고 있는 듯 영상이 비쳤다. 화면 앞쪽 연운煙雲을 따라가다 우뚝 솟은 검은 바위가 눈에 들어온다. 인왕산이 가까이 다가오는 느낌이다. 치마바위의 선명하게 남은 굵은 붓자국은 검게 칠해 물기 머금은 상태를 표현함으로 바위의 존재감을 더 드러낸 듯하다. 부드럽게 때로는 거칠게 붓을 다루면서 화면에 공간의 깊이를 연출하고 있다.

  북악산과 인왕산 근처에 살던 조선 사람들은 아침에는 북악산 안개를 저녁에는 인왕산 노을을 마주했을 것이다. 동네 뒷동산을 그린 정선은 〈인왕제색도〉에서 산등성이를 따라 보이는 여러 바위의 특징을 잘 살렸고 한양 성곽도 점으로 툭툭 찍어 표현했다. 정선은 청운동에서 태어나 줄곧 살다 52세 때인 1727년 인왕산 아래 옥인동으로 이사를 왔다. 평생 인왕산 인근에서 살아온 정선에게는 인왕산이 선명하게 자리 잡고 있었을 게다. 그런데 그의 그림은 실제와는 조금 다르다.

  그의 나이 76세, 정선이 자기 삶의 터전이 되어준 인왕산을 애정 어린 자기만의 시선으로 그렸기 때문이지 싶다. 그만의 시각으로 본 비 갠 인왕산 특별한 순간을 한 폭의 그림으로 펼쳐내어 그의 평생 역작이 되었다. 사진으로만 보았던 대작을 직접 보고 느낄 수 있었음에 가슴 벅찼고, 평생 보아온 인왕산을 혼을 담아 그려낸 그림에 마음을 얹었다.

  그 흥분이 가라앉기도 전에 옆의 〈추성부도秋聲賦圖〉와 마주했다. 김홍도 예순하나 1805년 겨울에 그린 연도가 확인되는 마지막 작품이다. '추성秋聲' 가을바람 소리를 그림으로 표현하면 어떤 작품이 나올까. 〈추성부〉는 중국 북송의 구양수가 '가을바람 소리를 표현한 시'다. 김홍도는 이 시를 가지고 그림으로 옮기고 시 원문을 여백에 써서 〈추성부도〉를 완성했다.

  시와 그림, 글씨가 완벽하게 어우러진 걸작품이다. 수묵화법으로 화면 전체를 엷게 먹칠하여 밤의 분위기를, 나무와 바위를 마른 붓으로 그려내 건조한 가을 산하의 표정을 만들어 냈다. 그리고 흔들리는 나뭇가지와 달은 시공간을, 서안書案 앞의 선비와 바깥 상황을 알려 주는 동자의 몸짓은 인물의 서사를 드러내고 있었다. 옛 선인들의 보이지 않는 자연을 표현해내는 이 탁월한 정서는 어디서 나오는 걸까. 그것은 밖으로부터 방해받지 않는 고요한 자기만의 내면세계가 있었기에 가능했던 것이지 싶다.

그의 든든한 후원자였던 정조임금이 붕어한 후 아들 수업료를 걱정해야 할 정도로 가세가 기울었다. 어쩌면 자신의 죽음을 예감해 아픈 몸을 일으켜 마지막 대작이 될지도 모를 〈추성부도〉를 묵묵히 그려내지 않았을까.

가을날 달밤의 소리가 여운으로 아직 남아 있는데 불국사 설경이 나를 맞는다. 은은한 영상과 함께 준비된 의자에 앉았다. 하얗게 뒤덮인 겨울날 불국사 설경雪景이다. 박대성의 〈불국의 설경〉, 겨울 고요한 산사인 불국사 설경을 그리기 위해 그는 뉴욕에서 와 일 년을 절 손님방에서 묵었다. 마침 그해 겨울 경주에는 칠 년 만에 눈이 내렸고 박대성은 불국사의 눈 내린 고즈넉한 풍경을 그릴 수 있었다. 그림 왼쪽 윗부분에는 불국사에서 받은 감동을 한글 고체로 적어 놓았다.

겨울은 고요한 계절입니다/중략/ 바람 소리와 고라니 울음소리만 유난스럽습니다./눈이 내립니다./중략/"내가 있는 동안 눈이 오면 좋겠는데…"/그날/ "불국사의 낯선 침묵"/눈 덮인 소나무들만 저마다 가지를 널어 뜨리고 침묵을/만끽하고 있습니다
- 불국사를 그리는 작가의 소회를 적은 글 중 일부

초대해 준 수집가의 배웅을 받으며, 차고 넘치도록 차려진 잔치상에서 주인

과 나누고 누릴 수 있었던 충만함에 감사하다 고맙다를 몇 번을 되뇌었다. 자연과 교감하며 남긴 작품과 흙과 금속을 활용하여 문명이 발전되어 왔음도 보았다. 글과 그림으로 생각을 펼쳐냈으며, 상상력과 창의력으로 생각의 경계를 넘어온 인류의 이야기를 간직한 물건들이 수집가 덕분에 잘 보존되었다. 그리고 전시 담당자들의 기획력에 한 번 더 박수를 보낸다. 그저 미술품을 보이기 위함이 아닌 관객과 공유하며 수집가와 교감도 나눌 수 있는 쉼과 여유를 줌으로 작품세계에 푹 빠져보는 헐렁함은 또 다른 매력이었다.

고故 이건희 회장의 혜안과 문화 사랑 정신으로 수집된 문화유산과 미술품을 함께 누릴 수 있었음은 기쁨이었다. 그의 사명감이 아니었다면 어찌 이런 작품을 감상할 수 있었겠는가. 생전 그는 '문화는 좋거나 나쁜 것의 우열이 아니라 다를 뿐이요, 현재 우리 문화의 색깔이 있느냐, 우리 나름의 문화가 정체성이 있느냐가 더 중요하다' 했다.

나라의 격변기에도 이건희 회장뿐만이 아니라 간송 전형필을 위시한 수집가들이 있었기에 문화 민족의 자존심을 지킬 수 있었다. 박물관을 나서며 잔치에 초대해 준 주인 앞에 두 손을 모으며 소중한 문화유산을 수집하여 국민이 함께 향유 할 수 있도록 내어준 이건희 회장의 유족에게 감사하다는 말을 전하고 싶다.

— 《수필시대》 2024. 가을호

* 국립중앙박물관 고故 이건희 회장 기증 1주년 기념전 제목
* 구족반 굵고 두툼한 다리 윗부분이 밖으로 둥글게 벌어지다가 아래로 내려오면서 다시 발끝까지 안으로 굽어져 있는 형태.

제**2**부

가을 질문

나는 내게 묻는다. 너는 잘 살고 있느냐고.

'샤덴프로이데'

눈보라 속 앞이 보이질 않는다. 성산포에서 제주로 넘어가는 산간 오름길. 일주일 가족 여행 사흘째다. 어제부터 내리기 시작한 눈은 여행자들의 발을 묶어 놓고 말았다. 연이틀 비행기도 뜨지 못하고 있다는 뉴스 속보가 계속해서 이어졌다.

결항으로 발을 동동 구르고 있는 사람들과 상관없이 우리 출발할 때는 괜찮겠지 하는 마음이 더 컸다. 우리가 아니라 다행이라는 생각도 함께. 백년손님인 사위가 예까지 왔는데 맛보고 가지 않으면 후회할 유명한 양고기집이 있단다. 성산포에서 제주로 넘어가는 중간 오름 산속에 있다는 말에 기대반 걱정반으로 오후 세 시쯤에 길을 나섰다.

산길 양쪽 가로수와 제주의 상징인 늘 푸른 비자나무숲이 눈을 사로잡았다. 그 뾰족한 잎이 눈보라에 이리저리 휘둘리고 있었지만 바람 소리인지 패대기치는 파도 소리인지 가늠하기 힘들었다. 산길 중간 언덕쯤을 오르자 양쪽 길가에 차들이 미끄러져 한 바퀴 완전히 멈춘 차도 숲으로 미끄러져 반쯤 눈 속에 파묻혀 있는 차들도 보였다. 이 산속에서 저들은 어떻게 탈출할 수 있을까 걱정도 됐으나 우리 차가 아니어서 다행이라는 생각이 먼저 들었다. 그런데 남의 불행을 보고 나의 안위를 느끼는 이 감정은 무얼까.

심리학에서 이런 심리상태를 '샤덴프로이데'란다. '샤덴프로이데Schadenfreude'은 독일어 '남의 불행을 보았을 때 기쁨을 느끼는 심리'라는 뜻이다. 상반되는 뜻을 담은 두 단어로 독일의 '샤덴Schaden' 손실 고통과 '프로이데Freude' 환희 기쁨이란 뜻의 두 단어가 합쳐진 합성어다. 샤덴프로이데가 남의 불행을 보고 기뻐 좋다기보다는 다른 누군가의 고통이 즐거워서가 아니라 내가 그 불행을 면했다는 사실이 기쁜 것이리라.

큰아이 어릴 때 엄마들이 아이를 동반하여 놀이동산엘 간 적이 있다. 그날따라 동무와 늘 붙어 다니던 아들 녀석이 자기는 다른 놀이기구를 타겠다고 고집해서 동무와 각각 다른 놀이기구를 탔다. 그런데 그날 아들아이 동무가 탄 놀이기구는 고장이 나서 한 시간 이상을 공중에 매달려 있는 큰 사고가 났다. 그 일로 그 아이는 꽤 오래 트라우마에 시달려 정신과 치료를 받아야 했다. 그때 우리 아이가 아니어서 얼마나 다행이라 생각했는지.

인간의 심리에는 어느 나라 어느 민족 할 것 없이 이런 심리가 다 있는 모양이다. 일본 속어 중에도 이런 심리를 가리키는 '메시우마'라는 표현이 있다. '(남의 불행을 봐서) 밥맛이 좋다'는 뜻으로 '꼴 좋다'라는 뉘앙스를 지닌 말로 질투에 가깝다면 샤덴프로이데는 좀 더 내밀하고 은밀한 감정이요 인간이 가진 원초적인 감정 누구에게나 볼 수 있는 보편적인 성정이란다.

전복된 차들을 지나치며 남의 불행을 즐기는 것까지는 아니어도 우리가 아니라 다행이라는 생각은 지울 수 없었다. 나뒹굴어 있는 차들을 보며 오금이 저렸다. 운전하는 사위는 옆에 홀몸 아닌 아내가 타고 있으니 긴장하는 모습이 더 역력했다. 큰 차는 운전하기 힘들 텐데 왜 이 차로 했을까도 생각했는데 이럴 땐 다행이었다.

우리 차도 몇 번이고 미끄러졌으나 철없는 아이가 되어 그 속에서도 낭만을 줍고 있었다. 어린 시절 이후 차 앞이 보이지 않을 정도로 내린 눈은 그리 많지 않았다. 몇십 년 만의 눈 구경은 잠시 위험함도 잊게 했다. 깊은 산속 첩첩이 쌓인 설경, 눈이 얹어준 무게로 축 늘어진 비자나무며, 목장의 고즈넉한 풍경 속을 달렸다. 푹푹 내리는 눈보라를 맞으며 서 있는 말들은 여느 때, 볼 수 있는 역동적인 말의 모습과 대조되는 외롭고 고독한 자의 아름다움이었다.

벌벌 기어 저물녘에 도착한 목적지. 그곳도 예외는 아니어서 모든 것이 눈 속에 파묻혀 있다. 가래로 길을 내기 위해 나온 주인은 먼길을 체인도 감지 않고 찾아온 손님에 감동한 듯했다. 다시 밤길을 돌아가야 하기에 눈보라 치는 속에서 손을 호호 불어가며 젊은 주인과 더불어 네 남자가 타이어에 체인을 감았다.

꽁꽁 언 몸으로 들어간 양고기집은 천국이다. 분위기도 맛도 산길을 헤치고 찾아온 위험을 보상받은 기분이었다. 안온한 곳에 있으니 지나쳐온 그들이 생각났다. '샤덴프로이덴' 누구에게나 있는 감정이라 자위하며 위험에 처한 그들이 어떤 서비스를 통해서든 잘 구조되었기를 바라는 마음이다.

따뜻하고 아늑한 곳 창을 통해 건너다보이는 풍경은 우리가 거쳐 왔던 위험천만한 길이 아니다. 윙윙거리며 휘몰아치는 눈보라는 『닥터 지바고』를 연상케 하며 그저 낭만적일 뿐이다. 돌아갈 우리와 상관없는 평화로움이다. 이런 감정도 '샤덴프로이데'라 할 수 있을까. 그렇다. 샤덴프로이데가 아닌 항상 누리기를 소망하는 평화와 안온함에서 오는 행복이다. 늘 이러면 좋겠다. 그런데 이 험한 밤길을 어찌 뚫고 가나.

— 《장흥문학》 2023. 봄호

봄볕에 장醬은 익어가고

 벌떼가 날아든다. 연한 나뭇잎이 짙음을 더하고 산야의 푸름이 진초록으로 물들면 앞산 뻐꾸기도 여름을 부른다.
 볕이 이마를 따갑게 쏘고 무량無量하게 쏟아지는 그 볕을 놓칠세라 장독대가 분주하다. 유월 볕에 들큰하고 짭짤한 냄새가 온 마당 가득이다. 어디서 날아왔는지 벌들도 장독대를 맴돌고 있다.
 아들 손자 며느리 올망졸망 거느린 배불뚝이 항아리가 마당 뒤꼍에서 한가로이 볕을 쬔다. 실팍한 어깨, 허벅진 배 둘레에 간장 열 말을 너끈히 담고 익어가는 중이다. 장독대 곁에서 금방 따온 훤칠한 올 옥수수를 까는 코는 벌름거리고 벌들을 부르지 않아도 절로 모이게 하는 들큰한 냄새다.
 항아리에 귀를 대어본다. 뽀글뽀글 미세하게 장 익는 소리. 세상과 상관없이 제 안의 것들을 익히고 삭히느라 골똘해 있는 발치에서 키 작은 제비꽃이 아무리 눈짓을 보내도 장醬 항아리는 아랑곳도 하지 않는다. 봄도 꽃도 바람도 오는 듯 가는 것, 바깥세상 풍경이야 붙잡을 게 없다는 듯 단전에 힘을 모으고 제 할 일만 하고 있다.
 장독에서 구수한 된장을 퍼 담는 시어머님 맨얼굴에도 늦은 봄 햇살이 내린다. 앞산 뻐꾸기 울음과 개울물 소리까지 함께 치대어 곰삭혀 진 범상할 리 없는 된장 맛은 입석골 일대가 다 아는 일이다. 녹록지 않은 시집살이 쫓겨나듯 다섯 살, 세 살의 두 아들을 데리고 만삭인 몸으로 지아비 따라 살 붙일 곳 없는 의정부에 육십여 년 전 터를 잡았다.

이런저런 인고의 세월 지나 정갈한 살림 가꾸어 온 시어머니에게서도 오래 익은 장 냄새가 난다. 노르스름하니 잘 익은 된장을 넘치도록 거저 담아 주시는 어머닐 보며, 고통의 시간을 견디고 살아남은 자들에게서는 시간에 휩쓸리지 않는 이런 내공의 넉넉함이 생겨나는 것일까.

뿐이랴, 오래 익은 것들에서 나는 시큼하고 들큰하고 찜찔한 냄새는 들숨 날숨도 헤아리지 못하고 살아낸 사람에게서 나는 냄새일 수 있으리. 친정어머니에게서도 이런 냄새가 났다. 거룩한 노동의 냄새다. 어릴 적엔 그저 엄마냄새로 학창시절엔 친구들에게 들키는 게 싫은 냄새였다. 친정어머니 지난한 삶이며 우리를 키워낸 사랑의 곰삭은 맛이었는데 결혼하여 시부모 모시고 아이를 낳고 키우면서 겨우 알았으니.

그러고 보니 햇볕에 익어가는 배불뚝이 항아리가 친정어머니셨던 것 같다. 아프신 중에도 뵈러 갈 때마다 '고맙다 사랑한다' 고백하셨던 친정어머니. 우리가 해야 할 말을 당신이 대신하시며 아버지 일찍 어인 우리 상처를 만져 주셨던 어머니. 그리운 마음에 어머니를 만지듯 다시 만져본다.

봄볕에 사람들은 벌써 덥다고 아우성이다. 하지만 썩지도 흐르지도 않고 그 윽하게 맛의 깊이를 더하며 장은 익어간다. 독 안의 시간같이 내 삶도 그렇게 발효되고 숙성될 수는 없을까. 허벅진 장독 옆에서 질긴 생명력을 가진 보랏빛 제비꽃에서 오래 묵은 것들을 생각한다.

  성찰의 시간 조차를 외면한 채 바쁜 것만 좇아 살아낸 내게도 장 같은 시간을 견디어 낸 것들에 대한 신뢰 같은 게 없는 건 아니다. 꿈을 꾸며 뛰었고 한 남자를 만나 종갓집 며느리로 시어른 섬기며 가문을 이었다. 아이들도 자라 가정을 이뤘다. 나도 평범하지 않은 평범한 삶에서 늦깎이 글쓰기를 하고 있다.

  시간을 견디어낸 자의 깊은 맛이 글발에서도 장맛처럼 우러날 수 있을까.

- 2023. 5. 월

가을 질문

 정원의 수런거림이 잦아들었다. 봄 여름 가을까지 풍성했던 플록스도 하나둘 꽃잎 되어 떨어지고, 옆에서 플록스의 화려함보다 더 은근하게 수놓았던 숙근 버베나도 보랏빛을 잃어가고 있다. 큰 화분에 채송화는 은밀하게 피고 지고 하더니 이제 깨알 폭죽들이 방싯방싯 터지는 걸 보니 가을의 끝자락 회색빛 초겨울이다.
 올해는 사십여 년 넘게 함께 한 시어머님과 존경하는 스승님을 보내고 맞는 가을이다. 어머님을 합천 선영에 묻고 온 그날 저녁, 청하 성기조 선생님의 쓰러지심을 듣고 얼마나 황망했는지 모른다. 선생님은 육 개월여를 혼수상태로 계시다 시월 중순에 영면에 드셨다.
 인생의 조력자셨던 시어머님 유품을 정리할 때, 살아생전도 정갈하시고 자존심 또한 강한 당신이셔서 모든 게 정리 정돈되어 있어 버릴 것이 없었다. 한데, 야채 다듬을 때 쓰는 비닐장갑만이 한 보따리 나왔다. 당신과 채소를 다듬다 장갑에 구멍이 나서 하나 달라고 해도 아직은 쓸만하니 더 쓰라고 하시던 분이 이렇게 많이 두고서 어떻게 가셨을까. 그렇게 정갈하셨던 어머님은 몇 푼 안 하는 비닐장갑을 천년만년 사실 거라고 왜 꼭꼭 한 보따리나 싸놓으신 것일까.

청하 선생님과는 몇 년의 짧은 시간이었지만 내 인생 황혼 무렵에 만난 참 스승님이셨다. 충정로 사무실 '청하헌靑荷軒'에서 십 년의 칩거는 선생님을 외롭고도 쓸쓸하고 고독하게 만들었을 터, 당신의 뒷모습에서 그 무게가 문득문득 느껴져 가슴 아린 날이 많았다. 선생님의 한국 문단에 끼친 큰 업적들이 저평가되어 있다는 점이 늘 안타까웠다. 그런 스승님의 볼우물 미소와 온화한 모습은 구순이 넘으신 인생 연륜에서 나온 순화된 언어였으리라.

　청하 선생님이 쓰러지기 닷새 전 가벼운 저녁 식사를 함께하고 걸어가시는데 그날도 구순문집을 위해 제자들이 보내온 원고 뭉치 가득한 큰 쇼핑백을 들고 계셨다. 선생님은 평소에도 원고가 든 가방을 분신처럼 가지고 다니시며 카페든 전철에서든 교정을 보셨다. 그럴 때면 들어 드리겠다 해도 손사래를 치셔서 들어 드릴 수도 없었다.

　그 이유를 여쭤보니 오래전 제자가 들어준다고 하여 맡겼더니 차에 두고 내린 사건 이후 누구에게도 맡기지 않는다고 하셨다. 그런데 그날따라 더 힘겨워 보이셨다. 하여 말씀드리니 그에 마다하시고 당신이 들고 전철계단을 천천히 한 계단 한 계단 힘겹게 오르셨다. 가시는 뒷모습을 근심 어린 눈으로 바라보기만 했는데 그것으로 스승님과의 이별이라니. 이럴 줄 알았으면 강권하여서라도 들어다 드릴걸. 사람 일이란 한치의 앞도 알 수 없는 것이다.

　선생님은 세상에서의 많은 명함이 아닌 진정 당신을 '누구'라 하셨을까도 궁금하다. 당신의 많은 시는 외로움과 고독 그리고 그리움으로 점철되어 있다. 시 〈목욕〉에서 '구름 같은 욕심이 파도처럼 밀려오는데'라고도 읊으셨다. 지식의 깊이만큼 명예의 높이만큼 사람은 외로운 것이라 하셨던 생전의 선생님. 구순이 넘으신 연세에 무슨 욕심이 그리도 많으셨을까. 늘 읽고 쓰고 가르치고 원고를 들여다보시는 일로 평생을 보내셨는데 하늘에서는 무엇으로 소일하실까.

초가을에 심은 백일홍은 큰 키를 건들거리며 정원을 지키고, 같은 시기에 심었던 과꽃은 작은 키를 발돋움하며 꽃을 피우려 안간힘을 쓰고 있다. 메리골드는 늦여름에 시작하여 피고 지기를 반복하며 서리가 내린 지금도 쉬지 않고 노오란 꽃을 선사한다. 벅적거리던 정원이 숨 고르기를 하면 손바닥만 한 금화규는 씨앗을 맺기 시작한다. 여름을 다스려낸 인고의 결과다.

아침 이슬 머금고 한순간 피었다 지는 꽃, 온전히 한바탕 피는 꽃 봄에 싹이 나서 뜨거운 여름을 보내고는 제 계절인 가을에 피는 인내의 꽃 시나브로 끝없이 꽃을 피워내는 장수 꽃, 난 이런 꽃 중 어느 꽃일까 생각하며 제각각 본연의 임무를 다한 그들에 경의를 표한다.

저들은 혼신으로 살고 단 한 개의 꽃에서 저토록 많은 열매를 맺었는데 내 인생에 거둔 열매로 나를 평가해야 하는 시간은 점점 다가오고 있다. 시어머님도 청하 선생님도 온몸으로 삶을 사셨던 분들이다. 난 내게 주어진 시간을 잘 갈무리하고 있는지, 일상을 똑같은 날이리 여기며 게으르게 미적거리고 있지는 않은지. 평범한 일상이 모여 오늘이라는 기적을 일으키는 것을.

이 가을 나는 내게 묻는다 '너는 제대로 살고 있느냐'고.

가을이 하늘을 뒤덮는다/삶의 무게가 어깨를 누르고/햇볕이 엷어지면서/붉게 익은 감이 불씨가 되어/그 온기로/선선한 바람을 막는다//

– 청하 성기조 시 '가을' 일부
–《수필시대》2024. 봄호

감의 변신

감이다. 지하철 담벼락에 붙어 있는 늙은 감나무 두 그루. 손 내밀면 닿을 듯하다. 서늘해지는 계절 지붕 위쪽 잎은 다 떨어지고 투명하도록 주홍색 빛을 발하는 작은 태양.

우리나라 어느 곳에서든 볼 수 있는 나무. '달다'라는 순수한 우리말도 한자의 달감柑자에서 온 것으로 감목柑木 또는 시수柿樹라고도 한다. 감나무의 꽃말인 '경이驚異' 또는 '좋은 곳으로 데려다주오'처럼 우리 일상 다방면으로 감칠맛 나게 영향을 미쳐왔다.

감나무는 열매만 먹는 게 아니라 잎은 종이로 나무는 고급가구재로 줄기는 화살촉으로 감물은 염색에까지 쓰이고 있다. 그중에 우리네 배고픈 시절 구황救荒에도 지대한 몫을 했던 나무다. 떨어진 감꽃(감똘개) 하얀 꽃은 어린 시절 우리의 소꿉놀이 단골 재료였다. 놀다가 허기질 때면 실에 꿰어 있는 감꽃을 가만가만 하나씩 따 먹기도 했나. 동무들이 생각 나는 따스하면서도 배고팠던 어린 날들.

새벽녘 밭에 가서 떨어진 감을 주워 오면 어머니는 쌀뜨물에 담가뒀다. 땡감은 일주일이 지나면 떫은맛은 없어지고 달짝지근 오묘한 맛으로 변한다. 이게 삭힌 감 탈삽脫澁이다. 이십 대, 청춘의 꿈과 현실의 괴리에서 이렇게 저렇게 부딪히고 나서야 잠잠해졌던 내 젊은 날 같다. '열심히'라는 가면 뒤에 허기진 청춘이 있었다. 그때 헤르만 헤세의 작품을 거의 읽었지 싶다. 삶에 대한 끝 모를 허무와 회의는 자서전적인 소설 『수레바퀴 아래서』의 주인공 한스에서 잠잠해졌고 『데미안』의 싱클레어로 내 마음의 갇힌 상자에서 조금씩 떫은맛을 드러냈다.

어머니는 감 익을 때면 상주에서 첫 기차로 서울에 오셨다. 내 자취방에 도착했을 땐 이미 저녁녘이다. 가져온 홍시는 어머니의 지난한 세월처럼 곤죽이 되어 있었다. 왜 아니 그랬겠는가. 내 힘으로는 들 수 없는, 그러나 엄마니까 들 수 있는 짐의 무게를 십 리나 걸어 열차와 버스 여러 번을 갈아타고 오셨으니. 터진 홍시를 꺼내실 때마다 무안無顔해 하시며 보기는 이래도 맛있다고 버리지 말고 먹으라고. 그리고 다음 날 아침이면 여지없이 서울역에서 첫차를 타고 상주로 내려가셨다.

곤죽이 된 감은 어떻게 됐을까. 당연히 쓰레기통에 버려졌다. 어머니의 정성과 수고는 철없던 시절 내 손에 의해서…. 이런 어머니의 수고를 안 것은 그러고도 한참 후 결혼해서 아이를 키우면서다. 나무에서 처음 딴 것이라 딸이 좋아한다고 가져온 홍시. 돌덩이 같은 보따리를 온전히 가져오시려고 얼마나 안간힘을 쓰셨을까. 엄마의 촉으로 터진 홍시를 안 먹을 줄 아셨던 거 같다. 그런 일이 있을 때면 당부를 하셨으니. 지금도 잘 익은 홍시를 보면 그때가 생각나 가슴 먹먹하다.

햇볕과 찬바람에 멍이 들어 홍시가 되었나. 홍시를 인생의 어디 즈음에 비유할 수 있을까. 삶의 훈장도 지나 아이들 출가시키고 시간과 돈을 나를 위해 쓸 수 있는 체력과 열정, 겪고 견디며 말랑말랑해져 웬만한 일에는 휘둘리지 않을 유연성, 남은 시간 두근거림으로 살아 볼 수 있는 시간이 홍시 같은 나이지 싶다. 그래 잘 살피며 살 일이다. 앞과 뒤도 돌아보고 함께한 옆 짝꿍이 가여워지는 계절. 그 어떤 계절보다 빨리 가기에 누리며 사랑하며 살 일이지 싶다.

이보/시악시/백사기 대접에/잘람잘람 잘 익은/가을 하늘을 담아 드리리이까./
떠오르는 보름달을/그대 가슴에/심으리이까.
- 나태주의 시 「홍시」 중 일부

곶감을 만드는 감은 둥글다고 해서 '둥시감'이라 부른다. 실한 것만 골라서 곶감을 만든다. 나머지는 잘라서 감말랭이로, 깎은 감은 가는 싸리나무 가지에 열 개씩 꿰어서 처마 밑에 달아놓고 아침저녁 서늘한 바람에 말리면 감탕甘湯 같은 곶감으로 변한다. 어머니는 감껍질을 버리지 않고 몸에 좋다고 백설기 할 때 넣거나 차로 끓여 주기도 했다.

곶감은 시설柹雪이 앉기까지 오랜 시간 바람과 햇볕에 곰삭을 시간이 필요하다. 만들어지기까지 우리네 정서가 담겨있고 삶이 묻어 있는 정 깊은 음식이다. 인간이 희로애락을 겪으며 익어가듯 그렇게. 그래서일까 곶감은 흔한 음식이 아니었다. 어릴 적 외할머니는 곳간에서 곶감을 내와서 주셨는데 외숙모도 할머니 허락 없이는 함부로 주지 못했다. 그런 귀한 음식이었다.

시설 앉은 납작납작한 곶감을 만지작거리며 자식 걱정이 아닌 손주 녀석을 생각하며 미소 짓는 나를 본다. 연로하신 부모님도 떠나시고 이제 누구를 책임질 일 없고 어떤 일에도 흥분하지 않을 나이. 아무리 두어도 상하지 않고 더 깊은 맛을 내는 곰삭은 하얀 시설의 곶감. 하얀 분을 가진 곶감은 그 어떤 것도 범접할 수 없는 노년에 주어지는 면류관 같은 거 아닐까.

담벼락에 기대어 선 늙은 감나무 두 그루의 주렁주렁 주홍빛 열매들. 꽃으로, 삭힌 감으로, 홍시로, 마지막엔 알몸으로 찬바람과 햇볕에 자신을 말갛게 헹궈 내 곰삭을 작은 태양 너의 변신은 어디까지일까.

— 2024. 10월

그 여름날, 한옥의 냄새

 며칠째 내리는 비다. 습기 머금은 공기가 납작 엎드려 있다. 여름 장마가 끝날 기미를 보이지 않는다.

 눅눅한 공기 속에 한옥에서 나던 송판 냄새와 계피향 섞인 냄새다. 한여름날 큰집 한옥에서 났던 그 냄새가 코끝에 아슴아슴하다. 여름방학을 맞아 큰집에 가면 밝은 쨍쨍 칠팔월 한낮 더위가 처마 끝에서 헉헉거리나 대청마루에 누우면 그렇게 시원할 수가 없었다.

 머릿밑이 벗겨질 만큼 덥다가도 마른하늘에 소나기가 쏟아지는 순간 훅하고 흙냄새와 햇볕 냄새 가득한 공기가 올라왔다. 그러고 나면 언제 그랬느냐는 듯이 마당의 뜨거웠던 열기는 식고 더위가 한풀 꺾였다. 소나기는 한여름 날 땅을 식혀주는 물대포다.

 여름이 익어가는 만큼 장마가 며칠 계속된다. 그럴 때면 대청마루에 배 깔고 기와지붕 처마 끝에서 떨어지는 낙수 물소리는 음악이 되고, 안방에 선 콩기름과 들기름에 계피향 섞인 냄새요 마루에 선 송판 냄새다. 빗속에서도 울어 재끼는 말매미 소리에 낮잠이 들었던 그 여름날들.

상주 사벌 낙동강 경천대 근처에서 조카들과 멱을 감다가, 비구름이 몰려오면 수양버들에 걸쳐 놓았던 옷을 들고 뛰었으나 비를 홀딱 맞아서 혼났던 일이며, 비가 오는 속에도 멱을 감으며 어른들을 근심시켜드렸던 일이 아련하다. 때론 빗 사이를 달려오다 밭에서 커다란 토란잎을 따 우산처럼 쓰고 뛰었다. 숨을 헐떡이며 댓돌에 올라 열기를 식히던 그때의 공기가 기분 좋게 긴 장마로 지루하고 눅눅했던 방안을 채운다.

어머니의 삶은 자식들에게 사랑을 말로 표현할 수도, 여느 어머니들처럼 그렇게 품을 수도 없는 삶이었다. 큰집으로 가는 이십리 길은 어린 내게 힘들었으나 다정한 사람들이 있는 곳이었다. 집안에서 항렬이 높은 우리는 그에 따라 존중받을 수 있었고, 어른들이 보이지 않는 곳에서는 또래 조카들과도 친구가 될 수 있었다. 그래서일까 한옥은 내게 어머니 품 같은 편안함을 준다.

한창 바빴던 사오십대 나의 쉴 곳은 신앙생활과 다산 정약용 생가의 뒤안에 있는 우물이며 배롱나무 그리고 저물녘 마재마을 강가였다. 어쩌면 그곳에서 어린 날 큰집 한옥과 정원에서 느꼈던 위로와 위안을 받았는지도 모르겠다. 사업이 잘 풀리지 않을 때 마음이 번잡할 때면 그곳을 찾아 평안을 누리며, 십팔 년의 유배에서 돌아와 안식을 누리고 있는 다산 정약용 그를 만났다.

지금은 어떤가. 어떤 일에도 휘둘리지 않을 나이. 그래도 가끔은 욕심이 생기는 영글지 않은 사람이다. 스멀스멀 내면을 파고드는 불안이 일 때면 영원한

구원자 그분 앞으로 달려가기도 하지만 휙 마재마을로 내달린다. 멀리 그곳까지 갈 시간이 없을 땐 서울 가까이 있는 북촌 가회동을 거닐다 작은 궁전 운현궁으로 간다. 누마루가 있는 노안당 대청마루에 걸터앉아 앞마당 작은 정원을 바라보며 고요히 나만의 숨 고르기를 한다.

긴 장마에 어정 칠월은 가고 건들 팔월도 가고 있다. 방학을 맞아 갔던 큰집, 장마에 대청마루에서 배 깔고 누워 맡았던 한옥 냄새가 나를 감싼다. 그 냄새와 큰집 정경들은 어머니와 일찍 떨어져 살아야 했던 유년의 결핍으로 허기진 나를 지켜주는 냄새였고, 잠시 쉼을 얻고 앞으로 나아가게 하는 나의 케렌시아 같은 곳이다.

방안을 감싸던 눅눅한 공기는 어디로 가고, 어느새 한여름 큰집에서 나던 그 냄새로 가득하다.

― 2023. 8월

김장하는 날 풍경

　수다 삼매경이다. 마당에서 대여섯 살 어린것들도 질세라 한몫한다. 아이들 낭랑한 소리는 마당을 돌다 개울 건너 동구 밖으로 흩어진다. 오늘은 김장하는 날, 세대를 아우르는 수다가 온 마당에 그득하다.

　일 년에 서너 번 모이는 십여 명 식구들이다. 진두지휘하시던 어머니는 작년에 본향으로 가시고 올해로 우리 부부가 주관하는 두 번째 해다. 이날이 힘겹기는 하나 손 위 같은 손아래 시누이가 함께하므로 가능한 일이다. 아이부터 어른까지 함께할 수 있는 날이기도 하다. 거기에 일 년을 기다린 보너스 수육이 있다. 어쩌면 입 짧은 아들이 이날을 더 기다렸지 싶다. 보너스는 이뿐만이 아니다. 바로 세대를 아우르는 수다다.

　김장 마당엔 삼대가 모였다. 자연스럽게 세대가 어우러지는 곳이다. 시어머니 앞에서 아들 흉을 보고 친정어머니 앞에서 남편 흉을 봐도 애교 정도로 봐줄 수 있는 허락된 장소랄까. 우리네 희로애락을 거침없이 말할 수 있는 곳. 오늘만큼은 어떤 수다도 들어줄 수 있는 날이다.

　누가 누가 잘하나 경쟁도 하며 누구의 손끝이 야문 지도 알 수 있는 날. 시어머니 시름에 맞장구치고 며느리 아들 흉에 맞장구치며 딸아이의 시댁과 남편에 대한 불만을 말해도 흉이 되지 않는 날. 온전히 안에 있는 걸 꺼내어 놓고 왁자할 수 있는 날이다. 여기에 더하여 김장품앗이 하러 동네 아주머니들이 함께하시면 볼 빨개져서 들을 수 있는 19금도 들을 수 있는 날이다.

　질녀와 시집간 딸아이의 갑론을박이 팽팽하다. 아이는 꼭 낳아야 한다 아니다 둘이 살아도 된다는 둥. 하나를 키워보니 둘은 있어야 한다, 봐 줄 사람도 없는데 어떻게 둘씩이나 키우겠냐. 아이들 교육도 방법도 분분하다. 다그치지 말고 아이의 속도대로 따라야 한다는 자유형, 아니면 정해진 규칙대로 몰아붙이는 스파르타식 교육이냐로 만만치 않다.

　성공한 사람 뒤에는 철저한 훈련이 있었기에 가능했다 등으로 의견이 나뉜다. 당연히 남편에 대한 불만은 단골 메뉴. 어떻게 하면 남편 길들이기를 잘 할 수 있나. 김장하는 날 마당 수다를 들으면서 지혜도 얻고 반성도 하는 날. 안에 있는 답답함을 말함으로 치유되는 듯도 싶다. 서로 다른 의견이지만 이야기를 듣고 가져가는 것은 각자의 몫이다.

　입도 손도 바쁘다 보면 김장의 끝이 보일 때쯤 금강산도 식후경. 잘 삶아진 수육이 접시에서 모락모락 김을 뿜으며 탱글탱글한 자연산 굴과 같이 김장하는 배추 위에 놓인다. 배추 꼬갱이에 한 쌈 싸서 서로 먹여주고 먹는다. 아이들은 덩달아 신나서 주위를 맴돌면 맵지 않게 한 쌈씩 받아먹고 들고 뛰며 추운 것도 잊는다. 쾌활 명랑 건강한 아이들 소리만으로도 배가 부르다.

　수육에 쌈을 싸서 먹으며 입도 즐겁고 배도 부른 풍요로운 시간 속에서 기다림이 필요한 김치의 시간도 읽는다. 시어머니가 넌지시 평소에 귀 걸릴만한 소리를 슬쩍해도 그냥 넘어갈 수 있는 일 년에 한 번 있는 날이다. 어떻게 하면 맛있게 수육을 삶을 수 있는지로 화제는 옮겨가고 다 자신들만의 레시피가 있다.

여기서 확연하게 드러나는 게 세대 차이다. 젊은 세대의 레시피는 정량대로이고 윗세대는 손이 계량 스푼이다. 즉 주먹구구식이다. 그 틈에 무엇을 넣느냐보다 끓이는 시간이 중요하다는 손아래 시동생. 입맛이 제일 까다롭고 미식가인 서방님이 일침을 가한다. 그런 사이에 김장은 끝을 향해가고 있다.

결론은 없으나 서로의 말에 수긍하는 눈치다. 그래도 결혼은 해야 하고 아이도 낳아야 한다는 말로 입 야문 시누이가 끝을 맺는다. 고만한 아이들 키우는 질부와 조카딸이 정답다. 서로 정보를 공유하며 도움을 받을 수 있는 어우렁더우렁 사는 김장하는 날 마당 풍경이다. 식구이기에 가능한 일이다. 어린것들도 이날을 아는지 마당에서, 앞 밭 다리목에서 아이들 웃음소리에 어른들 웃음소리가 섞인다.

건장한 조카들이 무거운 김치통을 닦아서 넣고 나르는 사이에 막 데이트를 시작한 시조카를 놀리는 재미가 더해졌다. 내년 가을이면 시조카 옆구리가 시리지 않도록 한 사람 있겠구나 싶다. 쫒고 쫒는 아이들 소리, 이에 질세라 덩달아 시고르자브종 메리 짖는 소리도 웃음소리를 물고 동구 밖으로 퍼졌다. 세월은 화살같이 지나 이런 날이 얼마나 더 있을까 싶다.

– 2024.12월

바람처럼 지나갈까요
- 동행 -

    부드럽고 시원한 오월의 바람입니다. 지금 내 노동 중 맛보는 기분 좋은 새참입니다. 밭 덤불 살구나무 아래 앉아서 바람에 나를 맡깁니다.
    작년 십일월 초순 구순이 다 되신 당신은 갑자기 뇌졸중이 왔지요. 더는 막히지 않도록 약물 투여하기를 일주일, 이제 해줄 게 없으니 재활병원으로 모시라는 대학병원 진단이었습니다. 당신은 건강하셔서 사람들 부러움을 샀습니다. 언제까지 우리 곁에 그렇게 계시리라 생각했던 게 착각이었을까요.
    밭 둔덕에 앉았습니다. 당신과 동행일 땐 단 한 번도 밭이 넓다는 생각을 해본 일이 없는데 오늘은 왜 이리 넓은지요. 북쪽 혹독한 겨울을 난 부추는 며느리는 당연히 안주고, 딸도 안 준다시면서도 시들기 전에 베어놓은 부추를 빨리 가져가라고 부르시는 말씀에 밭 덤불 따라 휘청거리며 가보지만 당신은 그곳에 없습니다. 작년에 옮겨 심은 이년 된 도라지가 어미애비하며 빼주룩이 얼굴을 내밀고 있다고 좋아하시는 낭신 곁으로 달려가 봅니다. 그곳에도 당신은 안 계십니다. 이곳저곳에서 들리는 당신의 환청이 언제 즈음이면 멈출까요.
    어머니의 누군가 며느리로, 아내로, 사신 흔적들이 오롯이 내게로 왔습니다. 식구들이 다 와도 큰며느리가 없으면 모든 사람이 안 왔다고 생각하시는 당신으로 해서 힘든 시간도 있었으나 그만큼 나를 예우하셨다는 걸 한 참 후에 알았습니다. 엄격하고도 정갈하셨던 분. 그때는 힘겨웠던 시간이 내겐 오히려 삶을 살아가는 지혜며 버팀목이었다는 걸 이제사 알았습니다.

가끔 더러 당신께 진담이며 농담처럼 '저는 모든 일의 넉넉함은 어머니 발뒤꿈치만큼도 따라가지 못한다'는 제 말에 웃으시던 모습이 그립습니다. 종갓집 며느리로 동병상련한 시간 때문인지 세월 갈수록 저를 챙기고 의지하시며 살가웠던 기억들이 새롭습니다. 이곳저곳 당신 흔적들뿐입니다. 살구나무에 걸려 불어오는 바람도 어디서 와서 어디로 가는지 알 수 없고, 어머님과 함께했던 삶의 흔적도 세월 지나면 저의 뇌리에서도 사라지겠죠. 어머님과 산 사십여 년은 친정어머니와 산 세월보다도 깊고 길다는 걸 새삼 느낍니다.

당신이 안 계신 집은 적요하기만 합니다. 메리는 오 개월여 지나는 동안 주인이 저를 버리지 않은 걸 아는지 예전으로 돌아왔습니다. 하지만 발로 걸어서 나가신 어머니는 영영 돌아오지 못하셨지요. 운구 차량으로 당신이 알뜰하게 일궈논 집을 잠시 둘러보는 것으로 돌아오지 못할 강을 건너셨네요. 당신을 기다리던 우리와 메리를 두고서요.

요요蓼蓼하게 흐르는 시간 속의 빈집은 제겐 너무 넓고도 큽니다. 지금이라도 들어서면 '어서 와라'시며 현관문을 열고 나오실 것만 같습니다. 요즈음 무슨 행동을 하다가도 순간순간 내 행동에 내가 놀랍니다. 당신이 하셨던 것과 같아서요. 두어 달이 넘게 마음과 몸을 놓아버린 내게 이제 마음 다잡고 다시 시작하라고 바람이 전신을 부드럽게 훑고 지나갑니다.

생성과 소멸은 자연의 법칙, 어머님 떠나신 자리에 곧 새 생명이 태어납니다. 영면에 드시기 하루 전 응급실에 실려 가셨다 돌아오는 길에 말씀하셨죠.

"은솔이 애기 낳는 건 봐야 되는데……"

라며 말끝을 흐리셨지요. 이젠 어린 생명이 어머님과는 결이 다른 또 다른 저의 동행이 되겠죠. 새로운 동행으로 다른 날들이 만들어지겠만 지난 건 다 그리움이라 했던가요. 시간이 흐르면 당신과 했던 무수한 날들도 지금 불어오는 바람처럼 흔적도 없이 지나가겠으나 지금은 당신이 그립습니다.

당신이 정갈하게 꾸려가시던 장독대 위엔 계시면 어림도 없을 송홧가루만이 오월 바람에 실려 와 노랗게 앉았습니다. 오늘은 그냥 그들과도 함께 하렵니다. 어머님과 동행하는 마음으로.

-《영축문학》2023. 7월

아기에서 아기로

 의정부 시댁에 가는 길이다. 어제는 어버이날로 시어른께 갈 시간이 없었다. 급한 것과 중요한 것 중에 어느 것이 우선순위인 줄 알면서도 삶을 살다 보면 중요한 것이 급한 것에 밀리는 경우가 종종 있다. 이번 어버이날처럼. 시간을 쪼개 시어른이 좋아하시는 것을 사서 가는 길에 시험 기간이라 딸아이에게 무거운 짐도 있어 학교 앞에 내려주기로 했다.
 집 앞 사거리 우회전 신호등이 곧 바뀔 것 같은 그때, 한 손에 약봉지를 든 어르신이 건널목으로 들어선다. 건널목 점멸등이 숨가쁘게 깜빡이는데 8차선 한가운데 신호등에는 관심이 없으신 듯 당신의 힘껏(우리가 볼 때는 천천히) 걸어오신다. 순간 '저 어르신이 지금 건너기 시작하면 건널목 반도 오기 전에 신호등이 바뀔텐데 어쩌나.'였다.
 아니나 다를까 반도 건너기 전 신호가 바뀌고 내 뒤에 있는 차들이 나를 앞질러 저기서 사람이 오고 있는데도 쌩쌩 지나간다. 8차선 한가운데서 얼마나 불안하실까. 보는 내가 불안하다. 2~3년전 같았으면 나 역시 다른 사람들처럼 쌩하니 지나갔을 것이다. 오늘 인내를 가지고 기다릴 수 있는 것은 작년부터 최근까지 생긴 사건들 때문이다.

작년에 주행 중 내 시야에 차가 없어 차선변경을 했는데, 뒤에서 '빵' 울렸다. 순간 '나이 들면 시야가 좁아진다고 하는데, 지금 나의 행동이 그런거야?' 사실 믿고 싶지 않았다. 가시거리에 들어오지 않는 애매한 경우였겠지 하며. 하지만 그 후에도 나만이 아는 아주 작은 실수들을 거듭하고서야 실수를 인정했다. 얼마 전 아들을 옆에 태우고 의정부 시댁 가는 중 신호등이 바뀌어 출발하려는데 갑자기 차가 뒤로 슬슬 간다. 뒤에 차가 '빵빵'거린다. "어어 차가 왜 이래~" 옆에 앉은 아들이 "엄마가 후진 기어를 넣었잖아요" 하며 기어를 바꿔준다.

십년감수. 지금 생각해도 아찔하다. 아들 앞에서 자존심도 상했고, 순간 후진기어를 빨리 바꾸지 못한 것이다. 이런 게 나이 먹음(?). 의기소침해 졌었다. 평소 조금은 과감하게 운전하는 편인데 그 후로는 빨리빨리가 아닌 방어 운전으로 빨리 갈 사람, 급한 사람, 자기 앞에 가는 차를 앞질러야만 성이 차는 사람들은 보내고, 여유를 가지고부터 나의 운전 습관이 변했다. 이런 행동도 나이 먹은 걸 인정하는 것이지 싶기도 하다.

오늘도 기다리는 그 짧은 시간에 다른 사람들처럼 지나갈 것이냐 기다릴 것이냐를 놓고 살짝 갈등하고 있었다. 그때 옆에 앉아 있던 딸아이가 조심스럽게 말을 한다.

"엄마 인간은 아기로 나서 아기로 돌아가는 것 같아. 엄마, 아빠도 나이 먹으면 저 할아버지처럼 될 게 아니야, 그러면 많이 슬플 것 같아" 딸의 말에 동감하며 별생각 없이 딸아이를 학교 앞에 내려주고 시댁으로 갔다. 하루의 일정을 마치고 저녁 늦은 시간에 혼자 운전하고 오는데, 불현듯 아침 건널목에서 봤던 어르신과 딸아이와의 대화가 나를 불러 세웠다.

'내가 언제 아이들이 걱정할 만큼의 나이가 되었나?'로 시작된 크고 작은 회한들이 몰려왔다. 오늘처럼 어느새 아이들이 나를 걱정하는 날이 왔구나. 그런데 왠지 인정하고 싶지 않은 이 마음은 뭐지. 아직은 괜찮은데라며. 내가 부인해도 몸은 기억하고 있다. 예전 같지 않음을.

무심코 지나쳤던 일들에도 의미를 부여하고 특히 몸이 불편하신 어르신을 보면 '나는 저렇게 되지 말아야 하는데' 무의식중에 나를 살핀다. 또 사소하게는 무엇인가 찾으러 가서는 생각나지 않아 오다가 생각이 난다는 등등이다. 이런 일상의 소소한 실수들로 해서 내게 살짝씩 절망하는 내게 누군가 늙는 거라고 도장을 찍는다. 그 말을 부정하고 싶으나 종종 잦은 실수들이 일어나는 현상을 보면서 나이 먹음을 인정하나 가슴 먹먹할 때가 있다. 누군가는 나이 먹는 게 아니라 익어가는 것이라 했지만 사실은 사실이다.

몇 년 전 연로하신 교회 권사님께 심방을 갔다. 청년 못지않게 총명하고, 활달하시며, 유쾌한 권사님이셨는데 몰라보게 사그라지셨다. 온전히 믿음 안에서 사셨던 분이라 영혼은 한없이 맑고 정결하여도 육체의 변화는 마음을 아프게 했다. '저분 성격에 몸은 후패朽敗하는데 눈도 귀도 잘 들린다면 얼마나 더 불편하실까?' 생각을 하며 성경 말씀에 '창문도 흐려지고 맷돌도 닳아지고'라는 구절이 생각났다. 하나님은 인간을 자연의 이치에 맞게 창조하셨다.

몸은 말을 안 듣는데 눈이 잘 보이고, 귀가 잘 들린다며 그 또한 대략 난감일 것이다. 적당히 어둡고 적당히 들리지 않는 것이 본인에게 좋다는 것을 그날 권사님의 심방을 통해 깨달았다. 성경 말씀에 '백발은 영화로운 면류관이니, 의로운 길을 걸어야 그것을 얻는다' 했다. 그에 걸맞은 삶을 마무리하지 못하고 노년에 어른으로서 젊은 사람들에게 보여서는 아니 될 부끄러운 모습을 사회 곳곳에서 본다. 중년에서 노년기로 접어드는 나를 돌아보며 나는 어른으로 어른답게 살고 있나 살피는 요즈음이다.

  어른으로서 후대에게 큰 업적은 남기지 못할지라도 민폐를 끼치는 일은 안될 일이다. 『예감은 틀리지 않는다』로 맨부커상을 받은 영국 소설가이며 베스트셀러 작가 줄리언 반스의 최근 장편소설 『시대의 소음』이란 책에서 마지막 주인공은 나지막이 이렇게 읊조린다. "늙어서는 젊은 시절에는 가장 경멸했을 모습이 되는 것이 우리 운명이다"라고. 운명이라고 까지는 말하고 싶지 않지만, 젊은 날 싫어했던 행동을 하는 나를 발견하고는 쓸쓸해질 때가 가끔 있다.

  인간은 누구나 연약한 존재다. 누구나 늙음이 온다. 인생의 주기로 보면 내리막길 같지만, 지금까지 전혀 생각지도 못했던 다른 세상을 향해 새로운 인생이 시작되는 때도 아닐까 싶다.

  젊은 날 목표 지향적인 삶을 살다, 어느 날 목적과 다른 목표만을 향해서 가는 나를 발견하곤 했다. 산도 인생도 내려가는 것이 올라가는 것보다 중요하다고 한 것은 의미심장 한 말이다. 올라오는 것에 목표를 두고, 올라오다 보면 소중한 많은 것들을 놓친다. 올라올 때 보지 못했던 사람과 자연의 아름다움을 보며 인생의 하프타임을 잘 내려가자.

  딸아이의 '인산은 아기로 태어나서 아기로 돌아가는 것 같아'라는 말이 뇌리에서 떠나지 않고 맴도는 날이다.

- 2021. 5월

어떤, 겨울 정원

 정원은 조용했다. 하얀 눈으로 뒤덮인 정원은 더 고요했다. 봄부터 가을까지 북적이던 흔적들도 눈에 덮였다.

 올해는 혹한에 얼어 죽지 않도록 신경을 써야 할 나무가 두 그루다. 아버님이 키우시던 분재 동백나무와 정원의 배롱나무다. 동백나무는 내가 막 시집오던 해 선물 받으신 것으로 근 사십 년도 넘었다. 올해 이른 봄 노지 정원에 심었다. 안에만 있던 식물이라 유난히 추운 이곳 날씨에 견디지 못할 거라는 그이의 만류에도.

 동백나무는 오랜 세월 좁은 화분에서 햇빛과 바람을 받지 못해서인지 꺼져가는 촛불 같다. 볼 때마다 애처로워서 망설인 끝에 옮겨 심었다. 나무는 몸살을 하는지 시들시들했다. 이제나저제나 시나브로 기다리는데 여름 장마가 지나가자 다른 줄기에서 연녹색 싹이 돋았다. 본래 잎보다 크고 튼실하다. 생명의 복원력과 자연의 위대함에 경외심이 든다. 키도 몸피도 작지만 오래된 고목의 아우라를 정원에서 뽐냈다.

 정원을 가지면 제일 먼저 심고 싶었던 배롱나무다. 정원을 손대기 시작하면서 배롱나무 심기를 원했으나 여러 번 그의 반대에 부딪혔다. 새집을 짓고 아버님도 배롱나무를 심었다. 그러나 시댁은 의정부 홍복산 밑 입석골로 시내보다 1~2c가 낮아 한파에 얼어 죽었다는 이유다. 그래도 단념이 되지 않으니 이것도 아집인가 싶다가도 그래도 포기하지 못했다.

마음의 쉼이 필요할 때면 가는 마재마을 다산 정약용 생가. 어느 해 여름 큰 장마로 팔당댐이 넘칠 위기까지 온 적이 있었다. 오랜만에 비도 그치고 해서 여유당을 찾았다. 그때 뒤꼍 배롱나무는 멍울멍울 붉은 울음을 울고 있었다. 그 집 모든 걸 알고 있다는 듯이. 지리한 장마 끝이라서인지 그 여운은 오래도록 뇌리에서 지워지지 않았다. 그날 이후부터 그 나무는 내 안에서 자랐다.

언젠가 겨울 강릉 신사임당 생가에 갔을 때다. 오죽헌 앞 키 작은 고목나무 한 그루. 여인의 살결처럼 하얗고 매끈매끈하다. 처음 보는 나무다. 설명에 육백 년이 넘은 배롱나무란다. 배롱나무라면 큰 집에 가면 볼 수 있던 여름에 붉은 꽃이 피는 나무 정도였는데…. 한겨울이라 더 선명하게 보였을까. 죽은 듯 앙상한 나뭇가지와 뒤틀린 고목에서만이 느낄 수 있는 세월의 연륜은 신선한 충격이었다. 이런 연유로 정원에 두고 싶은 나무였다.

작년 혹시나 하는 마음에 인터넷을 뒤졌다. 온화해진 기후와 수종 교배기술의 발달로 북쪽 지방에서도 자라는 배롱나무가 품종이 있단다. 그러다 작년 봄 집 앞 화원, 중간 크기 화분에 열매 같은 붉은 봉오리가 알알이 달린 나무다. 주인에게 물으니 미니배롱나무란다. 노지 월동도 가능하다는 말에 얼른 안고 왔다. 출근했다 들어온 그에게 추운 날씨에도 견디는 미니배롱나무라 힘주어 말했다. 다음 날 바로 가서 정원에 심었다.

배롱나무는 내 마음과 달리 봉오리를 좀체 열 생각이 없다는 듯 오래도록 잠을 잤다. 여름 장마가 지나고 나자 그제사 방싯방싯 꽃을 터트렸다. 늦여름에 시작해서 초겨울까지 백일 동안 핀다고 목백일홍이다. 그렇게 여름내 늦가을까지 정원을 붉게 밝혔다.

배롱나무는 월동에 들어갔다. 겨울 한파에 견디지 못할 거라는 그의 말에 큰소리쳤지만 속은 조마조마했다. 그럼 덮개를 씌워달라는 말에 플라스틱 상자를 턱 덮어 준다. 숨도 못 쉴 텐데 살까 싶었다. 봄이 오자마자 숨 막힐새라 덮개를 벗기자 겨울눈은 보이지 않고 앙상한 가지만 있어 생명이 느껴지지 않는다. 내심 한 소리 들을 각오를 하며 오갈 때마다 가지를 살며시 만져보고 잔가지를 분질러 봐도 감감무소식. 정원의 수선화를 선두로 봄꽃들이 흐드러지게 피어도 나와 상관없다는 듯 꿈쩍도 하지 않는다.

농사일에 바쁜 그는 정원에서 무슨 일이 일어나는지 관심도 없다. 다행이었다. 혼자 조바심을 내며 슬쩍슬쩍 훔쳐보는데 죽은 듯 보이던 가지에서 좁쌀만 한 싹 눈이 틔고 있다. 묻지도 않은 그에게 제일 먼저 알렸다. 실은 조금 더 기다려도 싹이 나지 않으면 몰래 뽑아버릴 심산이었다. 틔운 싹은 다른 가지보다 실하게 잎도 맺고 가지도 뻗어 늦도록 정원을 밝혀서 내 말이 맞지 거보라고 의기양양했다.

세상에는 보이는 것보다 보이지 않는 게 더 많지 않던가. 오래전 호야꽃을 경험했으면서도 잊고 있었다. 사람들은 가지와 줄기, 잎과 꽃, 열매를 보고만 판단한다. 흙 속에 파묻힌 뿌리 같은 건 생각하지 않는다. 그저 바람에 일렁이는 현상만을 본다. 나뭇가지를 잘라도 잎과 꽃이 시들고 열매가 떨어지더라도 뿌리만 살아있으면 산다는 걸 나도 가끔은 잊고 산다.

올해는 내 힘으로 그럴싸하면서도 운치 있게 겨울옷을 입히고 싶었다. 상주의 사벌 큰집 겨울 정원은 운치가 있었다. 연꽃 진 자리가 얼어서 조카들과 그 위에서 썰매도 타고 얼음을 지쳤던 기억들. 연못은 돌확으로 대신했으니 볏짚으로 나무를 어떻게 싸느냐에 따라 정원 모습이 달라질 게다. 작년에 쓰다 남은 볏짚으로 동백나무를 싸고 있는데 밭에서 내려오던 그이가 소리 없이 거든다.

배롱나무를 묶고 있는 그를 슬쩍 보니 어라, 내가 싼 것보다 근사하다. 그이 모르게 나도 동백나무를 그럴듯하게 다시 옷을 입혔다. 혼자 회심의 미소를 지으며 왜 작년에는 배롱나무를 이렇게 해주지 않았을까. 그이는 농사일에 바빠 여기 신경 쓸 겨를이 없는 것도 있었으나 죽을 나무인데 하는 마음도 있었을 게다.

온 천지가 하얗다. 어제 온 눈에 하얀 코트를 입은 미니배롱나무와 동백나무가 형님아우 하며 서 있다. 겨울 정원의 주인은 자신들이라는 듯. 작년 배롱나무처럼 올겨울 잘 견뎌내고 그 만의 꽃을 피울 동백나무에 마음을 얹는다. 회색빛 겨울 정원은 쓸쓸하다. 하지만 열정으로 북적였던 그들의 흔적과 자기 몫을 하고 떠난 자취를 보면 겸허해진다.

눈 속에 파릇파릇 대나무풀꽃 싹이다. 겨울 정원에서 다가올 새로운 시간을 준비하고 있는 생명의 환희를 미리 본다.

- 2024. 12. 15

죽비소리

 다시 한 살이 보태졌습니다. 다들 더해진 한 살은 공평 하나, 나이 먹음의 무게는 다 다르지요. 지난날 아쉬움보다 새날의 설렘이 크면 젊음이고 반대이면 나이듦의 표식이라지요. 세월을 역류하려는 열망은 나이 들수록 강해지나 봅니다.

'영혼은 늦게 태어나 젊게 성장한다. 그것이 인생의 희극이다. 육체는 젊게 태어나 늦게 성장한다. 그것이 인생 비극이다'라고 누군가 말했습니다. 영혼을 주름지지 않게 함으로써 사위어 가는 육체를 넘을 수 있을까요. 그럴 수는 없을 겁니다. 다만 계속해서 무언가를 생각하며 사고하고 전진할 때, 비록 육체는 시들어지나 영혼은 맑아지고 숭고해진다는 이야기겠지요. 또 후회가 꿈을 대신하는 순간 늙기 시작한다는 말은 꿈이 후회를 덮으니 나이는 들지언정 영혼은 늙지 않는다는 깨우침이겠지요.

 무언가를 도전하려고 할 때 '이 나이에 무슨'이란 생각을 하면서 도전하려고 했던 것을 시작도 하지 않을 때가 있습니다. 그런데 지나고 보면 충분히 도전해도 될 수 있었던 일임을 깨닫게 되는 경우가 많지요. 하여 한 살이라도 더 먹기 전에 나이 의식하지 말고 해보고 싶은 것을 도전해 보는 게 후회 없는 삶이며 젊게 성장하는 삶이 아닐까요. 그리고 살아 움직일 때만이 지혜도 생기고 사랑도 할 수 있으니까요.

세계적 장수마을 튀르기예 악세히르에선 가장 오래 산 사람의 수명도 20년을 넘지 않았다고 합니다. 그 이유는 살아있는 동안 진정으로 의미 있는 사랑을 하고, 잊지 못할 삶의 경험이 있을 때만 자기 집 기둥에 금을 하나씩 그었답니다. 그리고 이 세상 떠날 때, 그은 금을 세어 묘비에 새겼습니다. 그 숫자만을 참삶의 나이로 여겼던 게지요.

새해 나이 먹음에 번다해진 마음, 악세히르마을 묘비에 새겨진 숫자가 죽비소리 같습니다.

- 한국문학신문 2023.6월

특별한 여행

딸아이와 둘만의 여행이다. 딸은 이제 막 돌 지난 아들을 시부모님과 남편에게 맡기고 왔다.

딸과는 결혼하기 전 둘만의 스페인여행을 계획했었다. 그러나 미국 가는 문제로 결혼이 빨라지는 바람에 가지 못했다. 출산하고 육아를 공동으로 하면서 엄마의 휴가인 동시에 자신에게 주는 휴가로 생각하고 왔다. 어쩌면 결혼 전 엄마와 한 약속을 지키기 위한 여행이란 마음도 깔려 있었지 싶다.

돌 지난 아기를 두고 떠나자니 저도 나도 그리 편치 않았다. 아기를 떼어놓고 열 시간 비행과 일주일 이상 여행한다는 게 부담이었다. 하지만 육아와 일에 지친 딸아이를 좀 쉬게 하고 싶은 마음보다는 딸과 단둘이 하고 싶다는 나의 이기심이 더 컸다.

종손 며느리로 아이들 어렸을 때도 우리 가족만의 여행은 없었다. 여행 때는 조카 한둘을 데리고 가거나 다른 식구와 함께였다. 때론 우리 가족만의 여행을 꿈꾸기도 했으나 남편은 그런 걸 개의치 않았다. 맏이로서 당연한 일이라 생각할 때마다 내 속은 못생긴 마음으로 불편했다. 하여 이번 여행은 내게 주는 선물이라 위로하며 이번 기회가 아니면 딸과 단둘이 여행은 없을 것이라는 생각에 떠나왔다.

십오육 년 전 칠십 대 중반인 시부모님을 모시고 사 남매 식구들과 가족여행을 갔다. 질녀가 임신한 아기까지 사대 이십 명이 1박 2일 가족 대이동이었다. 시어른들이 1박을 2일 함께하며 당신 자손들을 바라보시며 얼마나 흐뭇해하셨는지 지금 생각해도 후듯하다. 결혼해서 한 일 중 가장 잘한 일이지 싶다.

짧은 여행이었긴 하나 여행지에서 함께 자며 서로를 더 알 수 있었던 가족의 유대감을 절실하게 느꼈던 시간이었다. 사 남매에서 태어난 청년들 열정과 왁자함에 자식은 화살통에 화살이라 했던 말을 실감했던 인생에서 두 번 올 수 없는 경험이었다. 그때 함께했던 청년들은 이제 결혼해서 아들딸 낳고 가정을 꾸렸다.

고등학교를 졸업하고 취업해서 첫 여름휴가에 고향 상주로 내려갔다. 어머니는 도시락을 싸서 소풍 가자고 하셨다. 사별 큰집 가는 것 외에 내 생애 처음 어머니와의 여행이다. 어머니의 지난한 삶에는 언감생심 꿈도 못 꾸던 일이다. 그것도 당신이 이름만 들어도 절절히 한 맺힌 문경새재로 가시겠단다. 아들처럼 키운 큰 외삼촌이 사무관으로 첫 발령을 받고 집으로 오는 도중 문경새재에서 버스가 추락해 돌아가셨다.

그 후, 어머니 앞에서 '문경새재' 그 이름 넉 자는 금기어가 됐다. 여섯 일곱 살 어린이이였던 내게는 아버지를 잃은 설움보다 외삼촌의 죽음이 어머니에게는 더 큰 슬픔이라고 느꼈던 날들. 지아비를 잃고 의지했던 남동생을 보낸 어머니는 발은 땅에 딛고 있으나 언제든지 날아갈 것만 같았다. 자라면서 어머니의 행복해하시는 모습을 본 일이 거의 없다. 공부 잘했던 남동생이 성적표를 받아 오던 날 정도일 뿐. 문경새재로 여행 가는 날 어머니의 환한 모습을 봤다. 어머니의 웃음을 찾아 주는데 참 오랜 세월이 걸렸다.

여행이란 단어만 떠올려도 설렌다. 누군가는 여행에도 등급이 있다고 했다. 젊을 때 혼자만의 여행을 한 번쯤 해보길 권한다. 딸아이는 자기의 전공을 살리려면 학부를 졸업하고도 육 년을 더 공부해야 했다. 여자로서 결코 적은 나이가 아니어서 육 년을 공부해서 그 길을 갈지 말지를 결정해야 했다. 인생의 귀로에 가방 하나 달랑 둘러메고 한 달간 유럽 자유여행을 훌쩍 떠났다. 난민 문제로 유럽대륙이 한창 위험할 때였다.

딸은 고맙게도 그 여행을 통해서 확실한 자기 길을 찾았다. 여행은 잘못하면 방랑자가 되고 가족과 함께하는 여행이 최고이며 지금 현재 여기가 가장 중요하다는 걸 깨달았다고. 그래서인지 전문가 과정을 통과하기 위해 많은 일이 있었지만 다 해낼 수 있었던 것은 그때 번뇌하며 떠났던 여행 덕분이지 싶다.

어린 걸 맡겨놓고 온 딸은 일어나면서부터 잠드는 순간까지 아이만을 생각하는 걸 봤다. 그렇지 이제 네가 엄마지. 너만의 가족이 있지. 결혼한 딸을 아직도 떠나보내지 못한 내 욕심을 발견했다. 무리수를 둔 여행이었지만 오길 잘했다 싶었다. 딸과 하고 싶었던 일들을 아쉬워하지 않을 이별 여행. 인생 살면서 때론 떠나보내야 할 걸 보내지 못해 부여잡고 있는 일들이 얼마나 많은가.

부담으로 떠난 여행이었지만 내 이기심을 내려놓은 홀가분한 여행이 됐다. 돌 지난 아기를 두고 엄마와 둘만의 여행을 통해 딸아이는 어떤 것을 얻었을까. 궁금하다.

-2024. 7.10

팔랑이는 모란 꽃잎에도

 4월의 바람이다. 꽃잎은 종잇장같이 얇아서 바람이 조금만 더 세면 떨어질 듯하다. 집에서 교회로 가는 아파트 오솔길 화단에 핀 모란이다.
 모란목단이 필 때면 가슴 한구석이 뜨뜻해진다. 뭔가 감당 못 할 것이 솟구친다. 하고많은 화초 중에서도 덩실덩실한 숭어리에 겹겹의 꽃잎을 열어 보이는 다홍빛깔이 나를 열 살 아이 적으로 데려간다.
 초등학교 3학년 초, 골목길을 총총히 벗어나던 어머니의 뒷모습, 노을 지는 해거름이면 어머니를 기다렸던 대문 앞, 울음보따리 하나 안고 꾸역꾸역 학교를 다였던 그해 봄날이다. 고모네 정원에 핀 팔랑이는 모란 꽃잎을 보고 눈물이 났던 날, 꽃잎은 꼭 닫혀 있던 내 마음을 열어줬다.
 그날부터 목단은 내게 그리움이며 희망으로 꽃이 피는 봄을 기다렸다. 모란꽃이 피면 왠지 어머니가 나를 데리러 오실 것만 같은 기다림과 설렘으로 그렇게.
 큰집 마당에도 외갓집 뒷뜰에도 어머니와 떨어져 살았던 고모네 정원에도 피어있던 꽃이다. 껑충한 검은 나뭇가지 위에 달린 꽃송이는 몇 송이 피지 않아도 마당이 환했다. 오랜 시간이 지났어도 목단에 거는 기대가 별스렀다. 가슴속에 오래 품어온 그리움이 언제나 내밀한 떨림으로 다가온다. 어쩌면 어머니에 대한 오랜 기다림을 이 꽃에 걸고 있어서였는지도 모르겠다.

풍성한 모란처럼 우리를 반기고 존중해 주던 사촌 올케와 조카들 환영幻影 때문인지 내겐 풍요로운 꽃으로 각인되어 있다. 큰집 정원에도 장독대 옆 뒷뜰에도 피어있던 다홍색 가운데 샛노란 꽃술이 아름다웠던 꽃이다. 큰집은 생각만 해도 잎 꼬리가 올라간다. '종이'라고 놀리던 조카들 놀림도 웃음소리도 귓가에 쟁쟁하다.

외가는 큰집 분위기와는 반대였다. 외삼촌의 갑작스러운 죽음으로 홀로된 외숙모는 딸 하나 아들 하나로 아들은 유복자다. 나보다 대여섯 살씩 아래다. 집안은 늘 조용하고도 적요했다. 외가에 있을 때면 거의 홀로 뒷뜰 작은 연못가나 그 옆으로 졸졸거리며 흐르는 도랑물 소리, 봄바람에 팔랑이는 모란 꽃잎, 아침 이슬에 맺혀 궁그는 토란 잎을 보고 있으면 심심하지 않았다. 그러다 보면 어머니가 데리러 오셨고 어쩌다 몇 밤씩 자고 올 때면 까슬까슬하게 풀 먹인 하얀 무명이불을 덮고 자는 것도 기분 좋았다.

물질의 풍요에도 마음은 비어가고 공허해 가는 시간 속에서 열 살 아이는 제 살길을 찾으려 몸살을 앓았다. 자려고 누우면 베갯잇이 축축했다. 그럴 때면 불러오는 큰집 정원과 조카들 외가 작은 연못의 바람에 실려 오던 수련꽃 향기 고향 집 감나무 냄새를 맡으며 잠들곤 했었던 날이다.

모란꽃은 고모네에 나를 맡긴 어머니의 마음을 알면서도 서러워할 때도 내 힘껏 앞으로 나아가려 할 때도 고스란히 나를 받아주며 고개 끄덕여준 지기였다. 한창 응석 부리며 부모의 사랑과 격려로 커야 할 아이는 빨리 어른스러워졌다. 그럴 때도 내 곁에서 영혼을 어루만져준 벗으로 나를 지켜줬다. 열 살 그해 봄, 다홍빛 꽃잎을 보고 마음의 문을 연 그날부터였지 싶다.

이런 속을 모르는 남편의 반대로 아직 정원에 모란을 심지 못했다. 이유는 꽃이 빨리 지고, 지고 나면 잎이 성글고 거무튀튀한 나뭇가지만 남기 때문이란다. 남편의 반대만은 아니다. 지금은 개량종이 많아 어릴 적 내가 보았던 겹겹의 투명한 다홍색 가운데 선명한 노란색 꽃술이 있는 모란을 찾기가 힘들다. 어느 화원에서는 작약을 모란이라고 하니 이를 어쩌나. 그래도 포기하지 않고 정원에 심고 싶은 마지막 나무다.

아파트 오솔길 화단에서 만난 모란꽃. 검은 가지가 정성껏 떠받치고 있어 소담스러운 꽃. 열 살 아이 때도 그 후에도 이 사람 사는 방식을 죄다 봤다는 듯, 팔랑이며 벙싯거린다.

— 2025. 4. 23

제3부

연둣빛 사랑

개울 건너 앞산을 거닐다 아직은 때 이른 떡갈나무 가지 끝에서 여릿여릿 푸른 피가 돌기 시작하는 걸 봤다. 저 나무처럼 나이는 안으로 밀어 넣고 연초록 사랑 안으로 걸어 들어가 봐야겠다.

쑥국을 끓이며

　초봄은 헐겁다. 흙도 날씨도 헐겁다. 어제는 이십 도가 넘더니 오늘은 바람 불고 비 눈이 섞여서 온다. 산 밑 응달엔 아직 작년에 온 눈도 녹지 않고 있는데.

　어머님 생신 지난 지 며칠이다. 이즈음이면 양지바른 둔덕에 쑥이 소복소복 올라온다. 들판이 나를 부르는 소리다. 이른 아침 개울 건너 밭에 나가보면 땅속 언 물기가 반짝이는 서리가 되어 새싹처럼 땅 위로 돋아나 있다. 흙은 초겨울 서리에 굳어지고 봄 서리에 풀린다. 봄 서리는 초봄 땅 위로 돋아나는 물 싹 같다.

　이 물 싹은 딱딱한 흙을 헐겁게 해서 풀싹의 길을 연다. 이때 땅 위를 보면 소복하게 올라온 곳이 쩌억~쩌억 금이 가 있다. 바로 물 싹 길이다. 흙이 비켜준 길을 따라 풀싹은 위로 올라온다. 내 어린 시절 겨울의 황량했던 들판에 봄이면 개미집같이 흙이 갈라져 부풀어 오르는데 그 사이로 파릇파릇 돋아나는 싹들이 신기해서 한참을 앉아서 들여다보곤 했다.

　봄이면 온 식구들을 불러내 보리밭을 밟아주는 이유도 헐거워진 흙 때문이다. 한창 자랄 무렵 뿌리를 꽉 잡아줘야 하는데 겨울을 난 보리는 이 들뜸이 싫다. 하여 사람의 힘으로 봄이 다 갈 때까지 부풀어 오른 흙을 눌러 준다. 이런 부풀어 오름이 자연뿐 아니라 봄의 청춘 남녀에게도 마음을 들뜨게 하는 것이지 싶다.

쑥은 성질이 따뜻하여 환절기 몸속에 있는 한기를 없애고 통증을 줄여 주는 효과가 있다. 특히 여성의 생리불순 생리통 등 냉한 사람에게 좋다. 뿐만이 아니라 간 기능 보호 및 소화기가 약한 사람에게도 좋다. 그래서 손발이 차고 위장이 약한 나를 위해 어머니는 봄이면 바쁜 중에도 약쑥(인진쑥)을 뜯었다. 뜯어온 쑥을 가마솥에 고아 콩알만 한 환丸으로 지어 보내셨지만 철없던 난 먹었다며 거짓말하고 다 버렸다. 쑥이 날 때면 쑥같이 강인하셨던 어머니의 그 사랑으로 해서 가슴이 뜨뜻해진다.

쑥은 산천 어디서나 있다. 보이지 않게 겨우 존재한다. 그래서 여리고 애달프다. 잘 보아야 보이는 연초록 회색 풀. 먹이사슬의 맨 밑바닥에 있으면서 슬픔과 평화를 준다고나 할까. 어려운 시절 봄이면 쑥을 뜯어다 쌀가루에 묻히고 그럴 형편도 안되면 밀가루에 묻혀 쩌서 먹었던 쑥버무리. 그것조차 허락되지 않을 때면 우리는 가끔 쑥죽으로 먹은 기억이 아슴아슴하다.

어린 시절 봄바람 따라 작은 칼과 바구니 하나 옆에 끼고 들로 산으로 다녔다. 오늘도 소쿠리 하나 가지고 시누이와 양지바른 밭 둔덕에 앉았다. 찬바람은 옷 속을 파고들어도 햇볕은 이마를 쏘아 댔다. 참 이상도 하지 쑥이 많은 듯하여 달려가 보면 소복소복할 뿐 뜯기가 여간 힘들지 않다. 맨 밑바닥의 애달픔 때문일까.

애미애비 하는 걸 뜯어야 할지 말아야 할지를 망설이게도 한다. 지금쯤 쑥국을 끓여야 연해서 쓴맛이 덜하고 아린 맛도 덜해 제맛이 난다. 어린 쑥을 뜯을 땐 앉아 욕심 없이 세월아 네월아 뜯어야 한다. 그렇지 않으면 검불까지 따라와서 다시 다듬으려면 뜯는 시간보다 더 걸린다. 봄나물 날 때면 시누이와 동서들 간, 두런두런 속 깊은 이야기로 정답고, 슬쩍슬쩍 누가 많이 뜯냐며 어린 시절로 잠시 돌아간다.

 뜯어온 쑥은 쌀뜨물에 된장을 걸러서 넣고 한소끔 끓인 다음 걸쭉하지 않게 계피 한 들깨를 넣고 한 번 더 끓인다. 쑥의 아린맛과 쓴맛은 어떤 맛이든 자기 편으로 동화시켜 버리는 된장 속에 녹아 있다. 쑥은 냉이보다 더 된장 쪽에 가깝다. 국물에 비친 쑥 건더기는 몇 오라기의 앙상한 섬유질로 남아 내가 쑥이라 말한다.

 봄 땅의 부풀어 오르는 힘과 싹터오는 풋것의 비린내와 햇빛 냄새는 순한 된장 속에 풀어져 편안하다. 지난겨울은 너나없이 춥고 힘들었다. 비상계엄으로 인한 혼란과 국민은 안중에도 없는 정치판, 가정에 가장이 없는 고아 같은 백성들의 마음이라 해야 할까. 그래도 봄은 다시 왔다.

 봄이면 보약 끓이듯 국을 끓인다. 쑥국을 먹으면 내 몸이 행복하다 행복하다 말한다. 봄을 이기는 국을 후루룩거리며 먹는 식구들 얼굴 위로도 평화가 내린다. 이 평화 속에는 산 것을 살아가게 하는 생명의 힘이 들어 있다.

- 2025. 4월

시드니는 푸른 안개에 젖어

도착한 시드니 공항은 겨울이다. 한여름인 서울에서 겨울인 호주로 왔다. 공항 옷차림은 반 팔 반바지부터 패딩점퍼까지 다채롭다. 이런 차림은 호주 여행 내내 볼 수 있었다. 바람이 세찼으나 우리나라 겨울처럼 매서운 바람은 아니다.

이번은 여행은 딸과의 자유여행이다. 쉬며 놀고먹고 그들의 문화를 한번 느끼고 들여 다 보는 쪽으로 했다. 우버택시를 기다리는 동안 이십 년 전 왔을 때와 별반 달라진 게 없었는데 그때와는 달리 동양사람들 특히 한국 사람들이 많았다. 시드니 시내 숙소로 오는 동안 차창을 스쳐 가는 풍경은 청회색을 띤 유칼립투스 나무에서 품어져 나오는 알코올 성분 때문인지 희미한 회색빛 푸른 안개에 젖어 있다.

여섯 시 전에 숙소에 도착했다. 이른 시간이라 짐을 안내데스크에 맡기고 브런치 카페에서 가볍게 아침을 하기로 했다. 그런데 짐을 맡기려 프런트로 간 딸아이가 안내직원과 한참을 이야기해서 뭐가 잘못되었나 하고 갔더니 화기애애하다. 무슨 일이냐 물으니 예약자 손ㅇㅇ라는 말에 '손흥민이 오빠냐?' 해서 아니라고 서양에서 테일러 제임스 에드워드처럼 한국에서도 그런 성이라 했더니 그래도 반갑다며 손흥민의 찐팬이란다. 혹시 만날 일이 있으면 자기가 명함을 줄 터이니 그에게 전해달라는 부탁까지 받았단다.

한 사람의 성공이 모든 국민의 자랑이 되고 우리가 어디를 가든 대우받는 유쾌한 경험을 했다. 이런 인연으로 우리가 그 숙소에 있는 동안 많은 편리를 봐줘서 눈 오고 비 오는 날은 우산도 빌리고 현지인만이 아는 맛집과 명소들을 안내받는 호사를 누렸다.

숙소가 시드니 중심부에 있어 어디를 가든 걸어서 갈 수 있는 거리다. 우선 숙소와 가까운 명소부터 걸어보고 먼 거리는 시티트램을 이용해 버스로 환승 이동하기로 했다. 걸어 십 분 거리에 있는 호주에서 가장 맛있다는 커피점은 상상외로 작은 가게였고 사람들은 테이크아웃을 하기 위해 줄 서서 기다리고 있었다.

커피를 받아 들고 걸어가는데 아침이라 바람이 불고 추웠다. 그들의 출근 복장은 각양각색이다. 유럽의 말끔한 정장 차림은 거의 없고 출근하는 남성 여성 할 것 없이 뒤에는 백팩 하나씩 메고 편한 복장으로 새벽녘 공항에서도 봤던 패션들이다. 간간이 중년의 남성과 여성에게서만이 유러피안스타일을 볼 수 있었다. 도로의 차들은 거의 일본 혼다 제품이라 아직 우리 자동차의 유럽 인출이 멀었구나 싶었다.

관광객으로 북적거리는 시내를 벗어나 좁고 오래된 골목을 걸었다. 유럽 중세 어디 즈음에 와 있다는 생각이 들 정도로 큰 성당이 많았고 고색창연한 시청 건물이 눈에 들어왔다. 청사를 보며 우리나라가 일제 건물이라고 철거한 건물들이 생각났다. 그들의 잔재라고 없애 버릴 게 아니라 후대에 그 역사를 보며 경각심을 갖게 했어야 만 하는 게 아닌가라는 생각도 하며, 지금이라도 남아있는 역사적 건물을 잘 보전하여 후대에 교훈으로 남겨둬야 할 일이지 싶다.

호주 여행 중 가장 비싸게 먹은 밥이 한식 해물탕이다. 터무니없이 비쌌으나 풍부한 해산물로 해서 가격은 아깝지 않았다. 식당 안은 의외로 거의 서양인이었고 가족 간 모임 자리였다. 두세 사람이 앉아 있는 곳도 서양 젊은이들이다. 그만큼 케이푸드도 세계화됐다는 방증이지 싶다.

식사 후 오 분 거리에 바람의 냄새를 따라 하이드 파크 산책을 했다. 동서의 직사각형 공원으로 끝자락에 세인트 메리 대성당이 있다. 공원에는 초등학교 저학년부터 고학년까지 세 그룹으로 삼삼오오 모여 잔디 위에 앉아서 간단하게 싸 온 샌드위치를 먹으며 그들만의 발랄하고도 유쾌한 재잘거림이 흥겹다. 이 정도 인원이면 시끄러울 법도 한데 그러지 않아 조금은 놀랐다.

호주의 문화는 영국에서 넘어왔기에 유럽문화와 별반 다르지 않아서 성당과 넓은 공원은 시민과 가까이 있다. 벤치 여기저기서 싸서 온 커피와 브런치를 앉아 즐기는 그들과도 섞여서 그들의 문화를 잠시나마 즐겼다. 시드니 어디를 가든 전쟁을 기념하는 기념관 추모비와 동상이 시내 중심 곳곳에 있었다. 우리나라는 멀리 있어서 작정하고 가지 않으면 볼 수 없는 것이 아닌 시민과 호흡하고 있었다.

시드니 항구를 낀 오페라하우스와 로얄왕립식물원의 넓은 공원은 멜버른에도 있어 시민들은 산책은 물론 아이들의 놀이터요 학생들의 학습교육장이다.

우리네 한강 공원에는 주로 연인들이지만 여기는 가족 단위 소풍이 대부분이어서 옛날 대가족의 미풍양속을 자랑했던 우리가 맞나 싶은 생각에 씁쓸했다.

페더데일 동물원 가는 길은 우리나라 6~70년대처럼 전봇대가 다 나무다. 전봇대는 유칼립투스 나무로 불에 잘 타지 않고 썩지 않아서란다. 호주는 해마다 3~4개월 건기가 오면 자연발생적으로 불이 나는데 모든 나무가 타서 죽어도 이 나무만 살아남는데 물관부가 나무 가운데 있기 때문이란다.

호주의 상징 동물인 코알라 캥거루의 주식도 유칼립투스 나무다. 이 나무는 영양분은 없고 알코올 성분이 많아 코알라가 잠만 자는 이유다. 호주의 그랜드캐년이라는 토종 숲 지대인 블루마운틴에 그런 이름이 붙게 된 이유도 유칼립투스 나무 때문이다. 정상에서 내려다본 협곡 아래는 울창한 나무 위로 푸른 안개가 낀 것처럼 뿌옜다. 바로 유칼립투스에서 뿜어내는 알코올 성분 수증기 때문이다.

누구나 오면 인증샷을 남긴다는 천 길 낭떠러지 절벽에 걸터앉아 사진도 찍었다. 딸아이는 무서워서 인증샷을 남기지 못했다. 후회하지 않겠느냐는 말에 그럴 일 없단다. 내가 몰랐던 딸아이의 고소공포증이다. 이것도 유전이 되나. 나는 고소공포증을 없애기 위해 번지 점프로 효과를 봤는데 딸아이에게도 권해 봐야 하나 싶다.

호주 최초 정착민 로라마을은 블루마운틴 자락에 자리한 조용한 마을이다. 이곳도 우리네처럼 거의 어르신들이 대부분이다. 우리는 유명하다는 캥거루 햄버거를 먹지 않고 피자 맛집으로 향했다. 그곳엔 두 분의 할머니가 피자를 만들고 계셨다. 우리네 할머니처럼 다정다감하셔서 딸아이와 한참을 이야기하더니 내게 와서 반갑다며 딸과 함께해서 좋겠다고 부러워하신다.

피자는 즉석에서 만들어 모든 게 신선하고 맛있었지만 도우 위에 토핑으로 얹은 멸치젓 같은 생선 피자는 아주 특별했다. 언젠가 TV 세계 맛기행 이탈리아편에서 그 나라 어느 지역에서만 맛볼 수 있는 특별한 피자라는 말에 호기심 있게 봤는데 이곳에서 먹어볼 줄이야. 딸아이는 짜고 생선 형태가 그대로 있어 비호감이라 못 먹겠단다. 나는 먹을 만했고 특별한 맛을 경험했다. 호주 여행 중 가장 기억에 남는 음식이다.

저녁은 현지인들에게 인기 있다는 재즈바를 갔다. 시드니에서의 관광 중 현지인보다 관광객을 더 많이 봤다. 한두 번 가본 것으로 이 사람들 삶을 다 알 수 있겠느냐만 바에 들어서는 순간 확 느껴졌다. 그들만의 삶이. 이국에서 듣는 생음악 재즈의 흐느적거리는 선율은 또 달랐다. 딸아이 강추로 왔는데 내게 선물한 소중한 선물 같았다.

황인종도 흑인종도 거의 없는 백인들 문화라고나 할까. 꽉 들어찬 홀에는 삼삼오오 남녀노소가 어우러져 차분하면서도 여유롭고 자유로웠다. 와인이든 맥주든 한 잔씩 놓고 음악을 즐기고 정담을 나누는 그들의 문화가 부러웠다. 이런 문화는 하루아침에 만들어진 것이 아니다. 이미 그들의 DNA에 들어있는 것이지 싶다.

시드니 도착 첫날에 오페라 하우스와 로열 보타닉가든을 먼저 보고 왔다. 보타닉가든은 식물의 식물원이란 뜻. 시드니 항구를 끼고 잔잔한 바다와 그 위로

부서지는 햇빛에 반사된 윤슬. 항구의 더 넓은 공원에 식물원까지 있다. S자형의 해안을 따라 2시간 이상 족히 걸리는 거리다.

지루할 틈 없이 신기한 나무들과 해리포터에 나올법한 미세스 맥콰이어 포인트 주변 아름드리 고목은 거대하게 넓고 커서 신령해 보이기까지 했다. 볼거리도 곳곳에 있고 쉴 수 있는 여러 곳의 벤치는 아름답고도 품격이 있었다. 조용하고도 한가로운 공원인 동시에 식물원이다. 멜버른에도 왕립식물원이 있다. 그 지역마다 조금씩 달랐다.

상업지역 중심지에 이런 공원이 있으니 시드니 시민들은 축복을 받은 사람들이다. 해가 바다로 떨어지며 붉은 노을이 공원을 물들일 때 6시 문을 닫을 시간이라는 안내방송이 나왔다. 조금은 아쉬웠다. 총총거리며 나가는 사람들을 보니 나만 그런 게 아닌 듯, 아쉬운 발걸음을 떼지 못한다.

바다의 바람을 물고 있는 시드니 오페라 하우스, 하버 브리지, 록스마켓, 로열 보타닉가든까지 볼 수 있는 명소가 있는 시드니다. 여행 마지막 저녁에 공연을 보기로 했다. 시드니에 왔으니 오페라 한편은 봐야 한다는 내 주장에 딸아이가 며칠 전부터 검색에 검색을 한 덕에 예매를 했다. 조금 일찍 저녁을 먹고 오페라하우스 옆에 있는 노을 지는 하버 브리지를 보기로 했다.

도착했을 때는 하버 브리지 위로 노을이 지면서 수면은 붉을 노을을 품은 채 윤슬이 반짝이고 있었다. 오페라 하우스 앞 하버강변을 끼고 노천카페서 가벼운 식사와 와인 한 잔씩 즐기는 남녀노소로 좌석이 만원이다. 우린 강변 벤치에 앉아 해를 품은 붉은 하버강의 윤슬에 빠졌다.

오늘 공연은 '햄릿'이다. 배우들이 하는 말을 알아들을 순 없지만 그 내용은 알기에 표를 샀다. 오페라 하우스 안에 와인바가 있다. 신성한 충격이었다. 저마다 와인 한 잔 들고 창가에 서서 있기도 복도 의자에 앉거나 테라스에서 바다를 바라보며 삶을 즐기고 있는 사람들.

여유로운 그들의 삶에 나도 와인 한 잔 들고 딸과 함께 그들과 즐기고 싶었으나 망설이다가 하지 못했다. 이번 여행 중 가장 후회되는 일이다. 관람객은 주로 중년이 반 이상 차지하고 옷차림은 남녀노소 제대로 입은 정장이다. 길거리에서 잘 볼 수 없던 유러피안스타일이다. 그러나 젊은이들은 가벼운 차림이 더러 있었다.

일주일 여행을 하는 내내, 오가는 사람들을 보며 이 여유로움은 어디서 오는 걸까 궁금하기만 했다. 여유롭고 평화로운 그들의 삶, 불이 자주 나는 기후를 가진 나라이나 유칼립투스라는 나무가 나라를 살리고 그 나라의 상징이 되어 천혜의 숲 블루마운틴을 보기 위해 수많은 관광객이 몰려오는 나라다.

대륙에서 분리되는 바람에 대륙에서는 멸종된 희귀동물이 있는 나라. 항구를 낀 숲으로 울창한 넓은 공원. 유칼립투스 나무에서 내뿜는 알코올 성분의 푸른 안개로 젖은 나라. 그 중에도 그들의 문화를 즐길 줄 아는 품격있는 삶이다. 우리나라도 국민소득이 더 올리기면 이린 문화가 일상이 될 수 있을까 하는 생각을 해 본다.

- 2024.7월

수련

 향기가 코끝을 스친다. 작년 봄 돌확에 심은 수련이다. 외갓집 뒷뜰 우물가 연못에 청초하게 피어있던 꽃.

 수련은 물 위에 두둥실 떠 있다 저녁이면 오므라들고, 아침이 되면 다시 피었다. 그러다 어느 날 흔적도 없이 사라지는 게 어린 내겐 경이로웠다. 그뿐 아니라 외가에 갈 때마다 뒤안 연못 주위의 풍경은 조금씩 달랐다.

 우리 집은 읍내에서 오리쯤 떨어져 있고 외가는 읍내에 있었다. 일고여덟 살 아이로 한 시간은 족히 걸어야 하는 외가로 어머니는 가끔 심부름을 보냈다. 어느 해는 엄마와 떨어져서 일 년 가까이 외가에서 살았던 때도 있었다. 외갓집은 초가집이었으나 기와집 못지않게 규모를 갖췄다. 외할머니는 우리를 그리 반기지 않으셔서 오 남매는 외가에 심부름 가기를 싫어했다. 어려운 시절 일찍 홀로 된 딸에게 딸린 올망졸망한 아이들이니 어찌 예쁘기만 했을까.

 그러함에도 내가 외갓집 가기를 자처한 이유는 연못과 주변 정원 때문이다. 가끔 자고 올 때면 잠자리에서 외할아버지가 읽어주시던 이야기책이며 여름이면 빳빳하게 풀 먹인 이불이 움직일 때마다 나는 서걱거림도 좋았다. 나를 두렵게 하는 것도 있었는데 풀 먹인 새하얀 이불에 오줌을 쌀까 봐 잠을 설쳤던 일이다. 외갓집은 우리와 달리 모든 게 풍족했다. 안방에 딸린 작은 골방에서 외할머니는 맛있는 먹거리를 꺼내다 주셨는데 무엇이든 말 만하면 나오는 요술방이라 여겼던 날들도 있었다.

외가 뒷뜰 우물가 꽃나무며 연못이 계절마다 달라지는 정원의 모습은 신비롭기만 했다. 연못 옆에 있던 토란밭의 커다란 토란이파리는 금방이라도 굴러떨어질 듯 이리저리 이파리 위에서 이슬방울이 굴러다녔다. 우물가 주변은 호기심으로 가득 찬 세계였다. 그 중에도 연못에 드문드문 떠 있던 수련이다.

어느 날인가 바람결에 불어오던 향기를 쫓아간 곳도 뒤안 연못이었다. 수련은 물 위에 한가롭게 떠 있던 잎사귀가 아침 햇살을 받으면 더 윤기가 나는데 연못에 비친 물과 하나가 될 때 향기는 더 짙어졌다. 마침, 그때 수련 향기를 따라 그곳에 간 게다. 그날부터 수련의 매력에 빠졌지 싶다. 오랜 세월이 흐른 지금도 한여름 날 바람 부는 아침나절이면 코끝에서 그 향기가 맴돌 때가 있다.

수련은 5~9월에 피고 주로 남부지방에서 서식하며 늪이나 연못에서 여러해살이 수생식물이다. 사람들이 연꽃과 수련을 혼동하기도 하는데 수련은 잎이 말굽 모양으로 되어 있다. 꽃잎은 낮에 활짝 피었다가 저녁이면 다시 오므리는 수면운동睡眠運動을 한다. 수련睡蓮이라는 이름도 밤이면 잠을 자는 연꽃이라는 뜻이다. 피었다 지기를 삼시일쯤 되는 날 저녁이면 꽃잎이 오므라들면서 그대로 물속으로 들어가 버린다. 꽃에는 진정작용이 있어 소아경풍 불면증 야제증夜啼症 서체暑滯 등 약제로도 쓰인다. 밤에 잠을 자는 식물이라서인지 잠하고 관련이 있는 병에 주로 쓰이는 것도 흥미롭다.

8월에 꽃이 지고 꽃받침에 열매가 맺히면 물속에서 익었다가 썩어서 물을 통해 씨앗을 퍼뜨린다. 씨앗은 얕은 물 속의 진흙에서 뿌리를 내리고 여기서 잎자루와 꽃자루가 나와 물 위를 향하여 자라면서 꽃을 피우는 생태를 반복한다.

수련은 보통 여름방학 전에 피었다가 방학이 끝나 갈 즈음 지는데 가끔은 못 볼 때가 있어 속상할 때도 있었다. 한여름 살랑살랑 바람이라도 부는 날이면 은은한 향기는 멀리 퍼졌고 수면 위에 한두 송이만 피어서 더 귀했다. 바람에 실려 온 수련 향기와 바람 냄새, 연못에서 나는 물 냄새는 어머니가 보고 싶다는 생각도 잊게 할 만큼 내 마음을 빼앗았으며 주변은 고요하고 평화로웠다.

연못을 들여다보고 토란잎에 궁그는 은방울을 하루종일 쪼그리고 앉아 보고 있어도 지루하지 않았고, 연못 옆으로 졸졸거리며 흐르던 도랑물 소리는 나를 그곳에 머물게 했던 외가 뒤안의 정경들이다. 마음이 번잡하고 허허로워질 때면 맡아지고 들리는 것들. 바쁜 것만 쫓아서 살 때도 숨고르기를 해주며 위안과 평안으로 쉼을 주던 소리요 냄새다.

아침나절 외가 연못에서 바람결에 날아왔던 그 향기다. 하얀 수련의 향기처럼 누군가의 삶에 은은하게 선한 영향력을 미치며 살다, 갈 때는 수련이 지듯 그렇게 흔적도 없이 갈 수 있는 그런 삶이었으면 좋겠다.

-《조선문학》 2023. 7월

안녕하신가요?

아까시 꽃향기에 순간 머리가 어지럽다. 서울은 이미 이울고 있는데, 버스가 망우리 고개를 오르자 열어 놓은 창으로 짙은 향이 훅 들어왔다. 마지막으로 그 집을 떠날 때도 오뉴월 우윳빛 아까시 꽃이 한창이었다.

어떤 일이 있어도 만나리라. 단단히 마음먹고 집을 나섰다. 그 집 떠난 지 사십오 년이다. 삼십 년 전, 큰아이 다섯 살, 작은아이 세 살 때 그 집을 찾아갔다. 동네는 많이 변해 있었고 이미 그분들은 떠나고 없었다. 동네 어귀에 있던 구멍가게는 연립으로 변해 1층에 크지 않은 마트가 있었다. 왠지 그곳에 가면 알 수도 있을 것 같았던 날. 나이 지긋한 마트 주인도 그들이 어디로 이사 갔는지 정확하게 알 수 없다는 말만 들었다. 때는 초여름 아이들은 더워서인지 칭얼거렸다. 조만간에 다시 찾아보리라 했던 게 삼십 년이 훌쩍 넘었다.

오늘 다시 길을 나섰다. 도착한 곳은 다산 신도시라는 이름표를 달고 전철 철길만이 그때 그곳이란 것을 말하고 있다. 철길 옆 언덕배기 큰 느티나무가 있던 철대문집은 아예 흔적도 없다. 아이들을 데리고 왔을 때 만해도 옛 모습이 군데군데 남아 있어 마음만 먹으면 찾을 수 있으리라 생각했는데…. 고층아파트를 막막히 올려다보며 긴 아스팔트 길을 맥없이 바라보는데 도로 옆 풀섶 들풀이 마음을 다잡으라는 듯이 바람에 살랑인다.

무조건 아파트단지 옆 넓은 도로를 따라 언덕으로 올라갔다. 채 개발되지 않은 주택과 연립들이다. 이 동네는 거의 와 보지 않았던 곳이다. 그분들을 알 리가 없다는 생각이 들어 다시 왔던 길로 내려갔다. 어쩌지 그냥 돌아갈까? 이렇게 변했는데 내 잘못이 아니야. 난 두 번이나 왔었어. 하지만 내 안의 깊은 곳에서는 '아니 너는 최선을 다하지 않았어'라고 한다.

아파트만 빼곡한 이곳에서 사람도 만날 수 없을뿐더러 대형마트 외는 없는데 어쩌지. 터덜터덜 아파트 옆길로 내려오자 옛날과 별반 변하지 않은 길이 눈에 들어왔다. 이런 곳이라면 그분들을 아는 사람이 있을지도 모르겠다는 생각이 스쳤다. 오래된 부동산을 찾아 나섰다. 신도시라 외지에서 들어온 크고 깔끔한 부동산사무실만이 즐비했다. 토박이 부동산을 찾기란 쉽지 않았다.

헤매길 여러 군데, 규모가 자그마한 부동산이다. 오십 대 후반 아주머니로 이곳에서 십 년을 하고 있단다. 찾는 연유를 이야기했더니 감동한 듯했다. 머뭇거리며 살아계셔도 팔순이 넘은 어른을 알고 있을 사람이 많지 않을 것이라 한다. 그러면서도 찾아 주겠다는 결의가 대단했다. 아저씨 성함과 큰딸 이름을 알려줬다. 여기저기 전화를 돌렸으나 다 모른다는 대답이다. 마지막으로 이분이 모르면 여기서는 아는 사람이 없다며 전화를 했다. 저쪽에서 들려온 말은 지금은 갈 수 없고 조금 기다리라는 대답이다. 마지막 끈이다. 삼십 여분의 시간은 내겐 너무 길었다.

드디어 머리가 하얀 어르신이 '이게 무슨 일인가'라는 표정으로 들어섰다. 그녀의 설명을 듣고 나서야 당신은 그 사람들 번호를 알 수 없고 안식구가 안다는 어르신. 아내가 그 아주머니와 가끔 더러 통화한다며 집으로 전화를 걸었다. 상대 저편에서 누군 줄 알고 번호를 함부로 가르쳐 주느냐 막무가내다. 어르신은 조곤조곤 찾은 이유를 말하고 내가 걸어서 바꿔주겠다며 간신히 아내를 설득하여 번호를 받아냈다.

일련의 시간이 왜 그리도 느리게 가는지. 어르신은 전화를 건 상대방에게 짧은 설명을 하고 바꿔줬다.

"아줌마, 저 종희예요. 건넌방에서 복희 명희 언니하고 살던~"

"나 그런 사람 몰라요. 잘못 아신 것 같아요"

"아줌마, 상주가 고향이고 서울로 고등학교 다니던 종희요. 큰딸 정임이 맞죠? 막내가 아들 정훈이고요." 순간의 몇 초가 십 년 같았다.

"어머 어머나 애 네가 종희야, 종희 맞니?"

"맞아요 종희"

전화를 사이에 두고 서로 말을 잊지 못했다. 왜 그리 눈물이 났는지. 적극적으로 도와준 그녀와 어르신께 감사 인사를 하고 놀라워하는 그들을 뒤로하고 불러준 주소를 가지고 택시를 탔다. 가슴이 뛰었다. 갈래머리 학창시절 대학을 못가 의기소침함으로 메말라 있던 내게 샘물이 되었던 분들이다. 허기진 젊은 영혼을 채우기 위해 뛰며 고뇌했고, 그런 치열한 싸움 끝에 하고 싶은 공부를 하고 그 시절도 지나서 이제 이 자리에 서 있음도, 당신들의 위로와 배려 때문이었노라고.

걱정했던 것과 달리 도착한 곳은 깨끗하게 잘 조성된 아파트였다. 남양주에서 조금 들어간 한적한 시골마을이다. 벨을 누르자 아줌마가 나왔다. 거리에서 본다면 서로 알아보지 못할 정도로 세월이 흘렀다. 왜 아니 그렇겠는가. 오십 년에 가까운 세월인데. 누가 먼저랄 것도 없이 얼싸안고 지난 세월에 북받쳤다. 서로의 삶이 고달팠다는 방증이었지 싶다. 정신을 차려보니 옆에 아저씨다. 옛날과 거의 변하지 않은 모습이다. 그때도 나이에 비해 젊어 보이셨는데 좋아 보이셨다.

　아줌마는 그동안 굴곡졌던 삶을 토로하신다. 삼 남매 중고등학교 다닐 때 일천 오백만원 가지고 길바닥으로 나 앉은 이야기며, 아저씨는 위암까지 걸렸으나 이제는 완치된 상태고, 아주머니는 신경성 당뇨로 고생하고 계신다고. 내 딸아이가 결혼해서 아기도 있다는 말에 놀라셨다. 갈래머리 여고생이 이젠 머리에 서리도 내리고 할머니가 되었다는 게 믿기지 않는다는 듯이.

　두 분이 가끔 세 자매 중 한 사람이라도 연락이 올 텐데 하시며 궁금했단다. 두 분은 초등학교 동창이다. 초등생 때부터 서로를 좋아해서 일찍 결혼했다. 아줌마는 그 시절에 맞지 않게 유머와 장난이 심했다. 큰언니와는 대여섯 살 차이가 나서인지 각별했다. 고 일, 이학년 가랑잎만 굴러도 웃는다는 말은 나와는 상관이 없었다. 공부해도 대학 갈 상황이 안된다는 현실이 내게서 기쁨을 빼앗아 갔다. 그런 내게도 가끔 장난을 걸어 볼 빨간 사람이 되게도 했던 아줌마다.

　그분들은 이십 대 후반이었다. 주말인 토요일이면 11시부터 그 집 안방은 내 차지였다. 명화극장을 보려고 TV 앞에 지키고 앉았었으니 말이다. 아이들과 함께 자다가 아직도 끝나지 않았냐며 다시 돌아누우시던 많은 밤이다. 주말 밤마다 남의 안방을 차지했던 간 큰 여고생이었다. 그때 이야기를 했더니 기억조차도 없다신다. 주말 밤이면 철없이 안방을 차지했다는 죄책감에서 조금이나

마 벗어날 수 있었다.

  너나없이 힘들었던 육칠 십년대다. 마루를 가운데 두고 건넌방에 살았던 우리는 한 여름밤이면 수박 파티를 했다. 별빛 아래서 모기향 피워놓고 돗자리 깔고 더도 덜도 필요 없이 수박 한 통에 삶은 옥수수 몇 자루면 충분히 행복했다. 겨울 김장철이면 손 조금 빌려주고 김치 몇 포기를 받으면 한겨울 났던 따뜻하고 푸근했던 날들. 끈끈한 정이 오가고 연탄불이 꺼지면 서로 불을 붙여주던 시절이다.

  오십 년의 세월을 단 몇 시간에 풀 수는 없는 노릇이다. 하루해는 짧아서 일어서야 했다. 다음을 기약하며 다시 뵐 때까지 두 분 다 건강 하시라고 힘주어 깊고도 길게 포옹하고 돌아섰다. 지금 생각해 보면 나이도 젊었던 이십 대 후반의 두 분이 세 들어 사는 이들에게 헌신적으로 어떻게 그렇게 할 수 있었을까. 타고 난 성정이 아니고는 할 수 없었지 싶다. 정 많고 고마우셨던 분들이다. 오래도록 건강하고 행복하시기를 기도했다.

  연탄가스로 죽을뻔할 때, 누구랄 것도 없이 먼저 발견한 사람이 김칫국을 퍼와 먹이고 둘러업고 뛰던 일이며 서로를 보듬고 챙겨주던 삶이었던 인연들, 그때 함께했던 그들의 소식도 듣고 싶다. 가난하고 궁핍했으나 정 많았던 시절, 다시 그 시절로 돌아가고 싶지는 않지만 가끔은 그때가 그립다. 다들 안녕하신가요.

- 2023. 6월

어디로 갔을까
– 서촌, 역사책방

 닫혔다. 예감은 언제나 적중하는 것일까. 유리창 넘어 안쪽은 이사 간 후, 물건들이 나뒹굴어 있는 을씨년스러움 그대로다. 서울 종로 자하문로5가길 30-1, 통의동 경복궁 문무백관이 드나들던 영추문 앞에 있는 역사책방이다.

 오 년 전 서쪽 인왕산 도성 성곽길을 돌아 윤동주 문학관을 탐방하고 청운동 고개를 걸어 서촌으로 내려왔다. 경복궁 옆 담장을 끼고 내려오면서 딸아이가 제일의 커피 맛집이 서촌에 있다고 했다. 도착한 카페는 이미 젊은이들로 가득했지만 마침 창 쪽 자리가 하나 있어 앉았다. 그런데 건너편 마주 보이는 곳에 외관이 예사롭지 않은 한옥을 개조한 서점이 눈에 들어왔다. 남편과 딸아이를 카페에 남겨두고 그곳으로 달려갔다.

 책방 입구에 "역사와 노니는 집, 역사가 좋아, 역사책방을 시작했습니다. 역사와 놀며 이야기하며, 역지사지하는 광장입니다"라고 붙어 있었다. 들어간 곳은 내가 원하는 역사책들로 그득했다. 책방의 독특한 구조는 누구든 걸음을 멈추게 할 만했다. 역사의 수레바퀴라 하는 원으로 된 서고에 반하여 들어오게 되는 이들도 있을 법했다.

 역사가 좋아서 전직 IT 임원으로 있다가 회사를 그만두고 역사책방을 연 백

영란 대표란다. 위의 문구로 대표의 의중과 책방이 탄생 된 성격을 알 수 있었고, 2018년 종로 서촌에 역사 서적 전문 서점으로 문을 열었다. 역사가 많은 서촌에 맞는 동네 역사책방이었다.

역사책방이지만 역사만 있는 건 아니다. 역사는 경제 사회 미술 건축 등 다양한 분야와 함께 발전했기에 모든 분야의 책들로 가득했다. 뿐만이 아니라 카페와 함께하기에 카페 분위기를 즐기며 가볍게 와인 한 잔도 할 수 있는 곳이다. 다락방 같은 이 층도 있다. 때로는 어릴 적 추억에 젖어 아이뿐 아니라 어른도 다락이 고플(?) 때가 있는데 주인도 그 멋을 아는 듯했다.

서울 지금 가장 뜨는 곳에 이런 책방이 있다는 게 믿기지 않을 정도다. 내가 원하던 보물창고. 그 후에 인사동 근처를 갈 일이 있으면 참새가 방앗간 지나치지 못하듯 들렸다. 내가 원하는 책의 목록을 가지고 갈 때도 있지만 그냥 안부 묻듯이 찾아갈 때가 많았다. 주위 누구에게도 알려 주고 싶지 않은 나만의 비밀공간을 가지고 있는 짜릿함과 비밀스러운 걸 가졌다는 이기심까지. 그렇게 혼자 드나들며 어느 서점에서도 볼 수 없던 18~19세기 조선의 문화와 실학파들에 대한 정보를 다양하게 얻을 수 있었다.

정조임금에 대한 지극히 사적인 편지글과 실학파 지식인과 이덕무 박제가 서상수 유득공 등의 우리가 익히 알지 못했던 그들의 책들을 접할 수 있었던 나만의 공간. 그곳을 갈 때면 오늘은 무슨 보물을 만날지 기대감으로 충만했던 곳이다. 우연히 기대하지 않았던 책을 발견하는 기쁨은 덤이었다. 북 토크와 낭송회 전시회도 겸했고 답사 프로그램도 있다. 역사 기행은 내게 매력적이었지만 시간이 맞지 않아서 한 번도 참여하지 못했다. 이삼 년을 나만의 소중한 것을 숨겨놓고 감상하듯 드나들었다.

  오랜만에 역사책방을 들렸다. 몇 년 동안 마음은 이곳에 있었으나 손주 육아로 해서 오지 못해 애만 끓인 게 2년이다. 책방을 드나들면서 서촌 요지 이곳에서 버틸 수 있을까. 혼자 걱정 아닌 걱정을 했다. 기우가 현실이 됐다. 내가 이곳에 오지 않는 동안 별일 없기를 바랐건만 굳게 닫힌 문은 말이 없다. 어수선한 책방 안을 들여다보며 내 마음도 스산했다.

  한참을 그 앞에서 서성거리며 안을 들여다보고 또 들여다봤다. 그렇게 나만의 비밀장소가 누군가에 의해서 부서져 버린 것 같은 이 기분. 그래도 허전함을 달랠 수 없어 딸아이가 추천했던 카페로 들어가 창문을 통해서 책방을 바라보며 그녀가 아픈가 아니면 재정난에 문을 닫을 수밖에는 없었나. 이런 귀한 책방을 서울시에서 보조해 줄 수는 없었을까. 아니면 스폰서라도 구할 수 없었던 겐 가. 별의별 생각이 스쳐 갔다.

  역사에 대한 남다른 가치관과 방대한 책을 가지고 있으니 어딘가서 또 하지 않을까. 여러모로 인터넷을 검색했으나 어느 곳에서도 그녀의 흔적을 찾을 수 없다. 어디서 이런 책방을 또 만날 수 있으려나. "모든 삶은 기록할 가치가 있다" 했던 그녀를 어딘가서 만날 수 있기를.

- 2024. 8월

여름, 보석상자

　여름 쨍쨍. 어정 칠월 둥둥 팔월이다. 이맘때면 어김없이 초록 바탕에 검은 줄무늬가 있는 머리통만 한 과일 앞에 선다. 칼을 댄다. 잘 갈라진 속은 석류처럼 붉고, 까만씨가 알알이 박혀 있어야 한다. 칼을 대는 순간 '쩍'하면 일단 안심이다.

　수박은 뜨거운 모래밭과 태양의 과일이다. 그 단물이 빨간 불꽃을 내부에 숨기고 있다. 초록의 표면은 사람을 당황하게도 하고 기대에 찬 꿈을 갖게도 한다. 고향에서의 수박 한 덩이는 한여름 밤의 기대에 부푼 작은 축제시간이다. 흙에 기대어 사는 농부들은 수박을 쪼갤 때 삶의 경이 같은 것을 느끼는 것 같다.

　우선 수박밭에서부터 시작된다. 수박은 도대체 속을 알 수 없으니 그것부터 모험이다. 물론 잘 익은 걸 선별하는 여러 가지 방법이 있으나, 이 또한 소용없을 때가 종종 있다. 밭고랑에서 수박을 딸 때부터 사람들은 그 속에 잠재해 있는 암호를 해독하지 않으면 안된다. 볼 수 있는 건 표면뿐이다. 머리통만 한 수박은 모든 사람이 먹기를 고대하는 우리 마음을 아는지 모르는지 말이 없다.

　초록 속에서 엉뚱하게도 그와 전연 다른 붉은 태양을 찾아내야 한다. 이것을 자를 때 사람들은 누구나 작은 함성을 지른다. 상상대로 여름의 빨간 태양이

작열할 수도 그렇지 않으면 박속 같은 설익은 빛을 낼 수도 있다. 수박 하나에는 수박 하나의 수수께끼를 담고 있다. 나는 지금도 수박 앞에 서면 그 속에 담긴 여름날의 추억을 뻐갠다.

  수박은 초록 속에 붉은 뜨거움을 간직한 채 검은 보석을 박고 있는 여름 과일이다. 검은 수박씨는 벌거숭이 고향 친구들을 생각나게 한다. 한여름날 수박 서리할 때 가슴 쿵쾅거리던 밤, 수박씨 멀리 뱉기를 하던 얼굴이 새까맣고 눈이 반짝이던 동무들은 어디 있을까.

  파블로 네루다의 시 가운데 〈수박을 기리는 시〉가 있다. 이 시에서 여름날의 수박을 "여름 초록고래" "흩어져 있는 루비" 등에 비유하며 "별 가득한 수박"을 먹고 싶다고 노래했다. 이렇게 아름다운 비유는 아니더라도 우물 속에 담가뒀던 수박을 걷어 올려 칼을 댄 순간부터 긴장한다. 과연 빨간 불꽃이 단물로 나올지 설레는 마음으로 하루의 힘든 노동을 날려버렸던 여름 보석상자. 7~8월 여름날의 둥둥 수박파티다. 이런 수박이 있어 여름 아닌가.

— 서울詩壇 2025. 8월

엉겅퀴와 뻐꾸기

　7월 정오의 오후. 한여름 땡볕에 시댁 콘크리트 마당에서는 열기가 아지랑이 되어 올라오고 있다. 앞산 뻐꾸기는 한낮을 깨운다. 집엔 아무도 없고 아이들만이 낮잠에 빠져있는 여름날 집안은 적요하기만 한데 이 뻐꾸기 우는 소리의 무섬증은 뭐지.

　엉겅퀴 꽃을 보면 한 여름날의 나른함과 뒷산에서 울던 뻐꾸기 소리가 내 안에 있는 의식을 깨운다. 밀밭 이삭이 패기 시작할 즈음에 뻐꾸기는 어김없이 나타나 특유의 소리를 내며 운다. 엉겅퀴 키가 훌쩍 크면 뻐꾸기가 울었다. 엉겅퀴는 줄기가 자라면서 잎의 가시도 단단해지며 꽃망울이 나온다. 잡초 속에서 우뚝 자란 엉겅퀴는 다른 풀보다 키가 커서 눈에 잘 띈다. 달래, 냉이, 쑥과 같이 봄의 향기를 듬뿍 가져와 지친 마음과 기운을 돋게 하는 대표적 봄나물이다.

　여름이 오면 내 키가 자라듯 엉겅퀴도 쑥쑥 자랐다. 이맘때면 동무들과 수풀이 우거진 뒷동산으로 올라가 놀았다. 그때면 뻐꾸기도 어디선가 울었다. 그리고 산소 주위의 제비꽃 개망초 애기똥풀은 우리 좋은 놀잇감이 되었다. 동무들과 술래잡기하다 깨진 무릎을 어른들이 하는 것처럼 엉겅퀴 잎을 돌에 찧어 붙였다. 그러면 쓰라림도 가시고 약을 발랐다는 위안에 안심도 되었다.

여름도 막바지에 이르러 나른한 오후 학교에서 돌아와 툇마루에서 잠깐 선잠이 들었다. 잠에서 화들짝 깬 난 몽롱함 속에 넓고 텅 빈 집을 들러보았지만 아무도 보이지 않았다. 그때 뒷산 뻐꾸기가 울었다. 항상 들었던 뻐꾸기 소리가 그날따라 왜 그리 무서웠을까. 마당에서 올라오는 여름날의 열기가 햇볕 냄새와 뒤섞여 정신을 차릴 수 없었던 날.

툇마루에서 울고 있는 소릴 들으셨는지 뒷뜰 장독대에 계셨던 어머닌 만지던 모든 걸 두고 뛰어오셔서 꼬옥 안아 주셨다. 두려움에 떨고 있는 내게 어머니의 품은 누구도 나를 해칠 수 없는 존재감이었다. 어쩌면 그때 어머니의 품을 떠나 멀리 떨어져 살게 되리란 예감이라도 한 것일까. 얼마 후 입하나 덜고 딸의 장래를 생각해 딸이 없던 서울 한남동 친척 집 양녀로 보내셨다. 초등학교 삼학년 내게 또 하나의 결 색이 다른 유년이 시작됐다.

부모 형제 떨어져 사는 삶은 풍족했어도 늘 배가 고팠다. 보라색 엉겅퀴 피는 여름날 뒷산에서 울던 뻐꾸기 울음소리는 그리움만큼이나 내게 두려움으로 다가왔다. 왜 그랬을까. 선잠에서 깬 몽롱함 속에 훅 들어온 텅 빈 집과 엄마의 부재가 왜 그리 무서웠을까. 아니면 곧 이은 엄마와의 이별을 본능적으로 느꼈기 때문이었을까. 늘 듣던 뻐꾸기 울음소리가 무섭고 서러웠던 날.

시댁은 의정부 시내서 십 분 거리에 있다. 산으로 둘러싸인 도시 속 공기 좋은 조용한 시골 마을이다. 집 뒤로는 산이 둘렸고, 앞으로는 작은 개울이 흐르고 있다. 그 개울 건너 밭이 이어지고 그 끝으로 푸르른 낮은 산이 보인다. 옥수수가 훤칠하게 키가 큰 한여름 오후, 시어른과 남편은 밭에 나가고 아이들만

잠들어 있는 큰 집은 모든 것이 정지되어 있었다.

그때 앞산에서 뻐꾸기가 울었다. 순간 누구 없나 하고 주위를 두리번거리는 나를 발견했다. 그때가 언제인데 아직도 무섬증을 느낀단 말인가. 그 여름날 오후 선잠에서 깬 나를 다시 만난다. 사십 년이나 지났는데. 오랜 시간이 흘렀는데도 그때의 그 감정이 그대로 남아있다는 게 놀라웠다.

그때로 돌아가 연보라 엉겅퀴 꽃이 지천인 한여름 나른한 한낮, 아무도 없는 집 툇마루 선잠에서 깨어나 두려움에 떨고 있는 어린 내게 가만히 말을 걸었다.

"이제 괜찮아, 넌 혼자가 아니야"

— 2017. 7월

연둣빛 사랑

 사랑은 어떤 색일까. 소소리 바람에 여린 잎들이 떨고 있다. 가냘프고 여려서 눈으로만 볼 수 있는 어린것들이다. 봄은 이렇게 바람 타고 오는데 내 봄날은 여지없이 가버렸다.

 젊음도 이렇게 저렇게 속절없이 밀려나고 애써 아닌 척해보지만 어쩌지 못한다. 열정도 욕망도 식고 서로 소 닭 보듯 덤덤해진 게 어제오늘 일은 아니다. 세월은 이렇게 사랑으로 가슴 뛰게 하는 날도 설레는 날들도 지나 닳아지고 삭아지게 하는 것인가.

 이젠 그 시간조차도 무덤덤해져 감정도 사랑도 건조해진 사막이다. 마른 사막을 걷던 날, 기적처럼 다시 사랑이 찾아왔다. 마음밭을 말랑말랑하게 흔들어 놓은 사랑. 건조하게 굳은 마음 위에 내밀하게 번져 드는 물기로 채우며 나를 아름다운 수렁 속으로 빠져들게 하는 사랑.

 사슴 같은 까만 눈망울, 금방 나온 빵처럼 야들야들한 뺨, 달걀같이 매끈하고 보들보들한 발뒤꿈치와 비릿한 살 냄새. 좋다 참 좋다. 오랜만에 만난 이웃이 나를 보고 젊어졌단다. 그 말에 열애 중이라 했더니 의아해하는 그녀에게 '손자요' 했더니 소리 내 웃는다. 그러면서 나보고 회춘回春 했단다. 청춘이 아니니 한 바퀴 돈 회춘이 맞다. 둘이 엘리베이터 앞에서 한참을 웃었다. 동년배의 별로 웃을 일 없는 일상을 공유하며 지금에 이 사랑이 어떤 사랑인지 둘은 안다는 듯이.

다시 온 사랑. 네가 우리에게 온 날부터 이미 우리 마음밭은 놀란흙이 되었다. 굳어버린 마음을 파헤쳐 흔들어 놓았으니 그 어떤 사랑보다 새롭고도 특별한 사랑 다시 찾아온 봄날의 설렘을. 돌아서면 보고 싶은 사랑. 배시시 웃어도 까르르 웃어도 오금이 저리는 사랑이다. 옹알이하는 소리에도 응답하며 식어버린 심장이 촉촉해진다.

세상에 와서 해놓은 일 없이 그냥 가나 했는데 내 한 몸에도 이음새가 되었다고 생각하니 후듯하다. 어린 손자 속에 제 어미가 들어있는 유전자의 힘도 신기할 뿐이다. 어린것을 달래는 딸아이를 보며 한 영혼이 다른 영혼에게 포개져 있을 때 내는 혀 짧은소리가 이렇게 아름다울 수 있다는 것도.

한 지붕 아래 뭐 보듯 살고 있던 짝꿍도 다시 온 사랑으로 서로 얼굴 보며 이야기하고 웃는 일도 많아졌다. 온도가 따끈따끈하게 올라가니 다시 청춘이 오려나. 매일 먹이고 똥 닦아주고 돌봐주는 나보다 어쩌다 보는 내 짝꿍에 더 격하게 반응할 때는 배신감도 질투심도 유발하는 사랑. 아이도 안다. 온몸으로 놀아주는 할아버지 사랑을.

한 사랑이 와서 이쪽저쪽 가문의 사막화를 지연시키고 있는 기적도 본다. 아마도 온몸에 물기가 마르고 모든 게 시들해져 갈 때 하늘의 그분이 측은지심으로 우리에게 내려주신 선물이지 싶다.

개울 건너 앞산을 거닐다 아직은 때 이른 떡갈나무 가지 끝에서 여릿여릿 푸른 피가 돌기 시작하는 걸 봤다. 저 나무처럼 나이는 안으로 밀어 넣고 연초록 사랑 안으로 걸어 들어가 봐야겠다. 죽은 가지 사이를 가만가만 물들이며 아련하게 적셔 드는 여린 연둣빛 사랑 안으로.

— 서울詩壇 2024. 3월

전지剪枝하며

 우수도 지났다. 소소리바람이 속살까지도 파고들어 옷깃을 여미게 한다. 앞마당 도장나무 꼭대기엔 소복하니 연두빛 눈엽이 올라앉아 있다. 전지는 우수를 전후하여 해줘야 꽃이 벙글고 실하게 열매도 맺는데 봉긋한 순을 보니 조금 늦은 감이 든다.
 오늘은 열 일 제치고 남편과 정원 손질에 나섰다. 아버님 계실 땐 우리 손이 가기도 전에 정원을 환하게 해놓으셨는데. 아프신 후 손을 놓으셨고 몇 년 전부터는 남편이 바쁜 농사 중에도 더러더러 정원 나무를 전지했을 뿐이다. 작년 아버님은 영영 뵐 수 없는 곳으로 가셨고, 생전에 남겨 놓으신 흔적만 생생하게 살아 정원에 가득이다.
 앞마당 나무는 내가 하겠다고 호기롭게 나섰다. 스치듯 남편의 얼굴을 보니 '그래 해보려면 해보시게나 잘하나 보게' 미덥지 않은 표정이다. 그의 태도에 의기양양하게 별것 아니라는 마음으로 시작했다. 살갗에 닿는 바람은 찼으나 양지쪽 볕은 벌써 따갑게 이마를 쏜다. 두 사람이 마당에서 왔다 갔다 하자, 덩치 큰 집 지킴이 메리도 코에 봄바람이 들었는지 낑낑거려 풀어 줬다. 묶였던 줄이 풀리자 영역표시로 바쁘더니 쏜살같이 마당에서 정원으로, 앞 밭으로 사방팔방 뛰어다니며 오랜만에 얻은 자유를 바람을 일으키며 만끽하고 있다.

 정원에 여섯 그루 키 작은 도장나무부터 시작해서 가지가 부러질 정도로 꽃을 피우는 겹해당화 나뭇가지가 오늘 목표다. 한겨울에도 푸르던 도장나무를 건드리자 낙엽이 후두둑 떨어지며 겨우내 앉아 있던 흙먼지가 푸석푸석 일었다. 보기에는 늘 푸른 나무여서 싱싱하다고 생각했는데 몸살을 앓다가 사지를 늘어뜨려 옷을 벗고 있었던 게다.

 손길 닿을 때마다 나무들이 '시원하다 시원하다' 하는 말이 손끝으로 느껴진다. 큰 나무에서 떨어져 덮인 낙엽과 흙먼지를 털어내고, 봄바람이 자잘한 나뭇가지 사이로 드나들 수 있도록 흔들어 줬다. 나무를 털고 흔드는데 내 마음을 털어내고 청소한 듯 개운하다. 정월 바람은 자연을 흔들어 깨우고, 겨우내 덮어쓴 먼지를 털어내고, 싹을 틔우는 바람이다. 가끔 우리네 마음도 먼지 앉고 혼탁해졌을 때, 이처럼 쉽게 털어내고 정결해질 수 있다면 얼마나 좋을까.

 가지를 잘라낸다. '툭~툭' 한참을 자르고 멀리서 보니 키가 잘 맞지 않는다. 이미 가위를 댈 때가 지나 손끝에 강한 생명력이 느껴져 굵은 가지는 차마 잘라내지 못해서다. 삶을 살며 일과 사람 관계에서 냉철하지 않아서 끊어야 할 때 끊지 못해 낭패를 당한 일이 얼마나 많았던가. 삶에서의 가지치기를 하지 않은 결과다. 나무도 잘라야 할 때는 과감하게 잘라줘야 크고 단단한 나무로 자랄 수 있다. 사람살이나 자연의 이치가 같다는 생각이 든다.

 호기롭게 시작한 작업이나 처음과 달리 점점 힘에 겨워진다. 남편이 왜 그런 표정을 지었는지 알겠다. 나무 여섯 그루를 자르고, 다듬기를 다 끝낼 즈음에 가위질했던 손가락이 부르트고 손에 힘이 줘 지지 않는다. 그래도 큰소리쳤으니 그만둘 수는 없다 싶어 긴 장대에 달린 전지 칼로 겹해당화나무에 도전했다. 위를 쳐다보고 하는 작업이라 떨어지는 가지가 바람에 날려 흙먼지와 같이 떨어지고, 장대 무게와 나무를 자를 때 들어가는 힘 때문에 팔이 후들후들 떨렸다. 그때, 정원 저쪽에서 과실나무를 자르던 남편이 슬쩍슬쩍 나를 살폈으나 아무렇지 않은 척했다. 이게 뭐라고 자존심까지 세울 일인가.

 나무도 때맞춰 다듬고 가꾸어 준 것은 안으로 죽은 가지도 없이 풍성해서 전지하고 나자, 생기에 찬 물오름이 싱싱하고 힘차다. 그러나 제때 돌봐주지 않은 나무는 속으로 잔가지들이 죽어 있어 그것을 잘라내고 나니 머리숱이 빠져 휑한 듯 엉성하다. 자연도 이럴진대 삶의 순리도 생각을 잘라내고 솎아내는 작업을 평생 해야 할 일이지 싶다. 나뭇가지 하나마다 내게 일러주는 게 봄나물처럼 향긋하다.

 말끔하게 단장한 도장나무는 이른 봄에 핀 푸르른 나무꽃이다. 때마침 불어오는 소소리바람을 맞으며 나무는 기분 좋은 듯 부르르 떨고, 천방지축 뛰어다니던 메리도 나무 냄새가 좋은지 떨어진 나뭇가지에 코를 박고 킁킁거린다. 나무들은 개운한 몸으로 봄을 노래하다 여름을 이겨낼 것이며, 가을도 지나면 새로운 생명을 잉태할 것이다. 전지한 나무들은 작은 소망을 품고 넉넉한 기품으로 불어오는 바람에 기지개를 켜고 있다.

-《수필시대》 2023년 여름호

절규

짹~~짹~~짹~~. 요란한 떼창이다. 예사롭지 않은 울음은 삼십 분을 족히 넘긴 듯한데 그치질 않는다. 낮잠에서 비몽사몽 깼다. 짝짓기할 시기는 아닌데 이 날카로운 새 울음은 뭐지.

새벽 일찍부터 밭일을 했기에 이른 점심을 먹고 오수午睡 중이었다. 정신은 깨어 있는데 몸이 말을 듣지 않는다. 한참 뜸을 들이다가 창문을 열고 내다봤다. 전깃줄에 몇 마리 앉아 있고 사철나무 우듬지에서 열댓 마리가 떼로 울어댔다. 나무에 뱀이 올라가서 새끼를 해치나 싶어 마당으로 나갔다. 사람이 보이면 전깃줄에 앉아 있다가도 날아가는데 잠시 날아갔다가 다시 와 울고 있다.

무슨 난리가 났나. 옛말에 나라에 큰일이 있으면 미물이 먼저 안다고 했는데 이게 무슨 일인가. 분명 경고를 보내거나 위험에 처해있는 듯한 절규에 가까운 울음이다. 사철나무 우듬지로 갔다. 장대로 나뭇가지를 이리저리 쑤석거리자 우듬지에 앉아 있던 새들이 우르르 날아올랐다. 멀리 가지 않고 개울 건너 은행나무로 가서 또 떼창이다. 도대체 무슨 일이지. 뱀의 공격은 아닌데 한두 마리도 아니고 족히 열 마리가 넘는 새떼가 울부짖다니.

마당에서 내가 이리저리 움직이자 전깃줄에 앉아 있던 두 마리도 잠시 새떼

쪽으로 갔다가 다시 와 앉아 운다. 그러는 새 삼십 여분이 흘렀다. 떼로 울던 새들은 앞산 위로 날아가고 전깃줄의 두 마리 새 중 한 마리도 한참을 같이 울더니 무리를 따라갔는지 한 마리만 남아서 망부석처럼 우짖는다.

이유를 찾아 이곳저곳을 둘러보는데 차고지 근처 플라스틱 큰 상자 하나가 엎어져 있다. 상자로 닿아가자 전깃줄에 앉아 있던 새는 더 날카롭게 울었다. 사람이 근처에 와 있는걸 아는지 안에서 퍼덕이는 소리가 났다. 상자를 열려는 순간 전깃줄에 앉아 있던 새가 내게로 날아들었다. 순간 나는 주저앉았다. 상자는 다시 덮어지고 새는 앉아 울던 전깃줄로 갔다.

밖에서 새들이 그렇게 우짖을 때도 갇힌 새는 한 번도 울지 않았다. 그때 알았다. 새도 극한의 공포에서는 울지 못한다는 것을. 그랬구나, 갇혀 있는 한 마리 새 때문이었구나. 한 시간 넘는 새들의 울부짖음을 들었는지 개울 건너 밭에서 일하던 그이가 마침 내려오고 있다.

남편에게 숨 돌릴 틈도 주지 않고 도대체 어떻게 된 일이냐. 낮잠 자다가 한 두 마리도 아니고 요란한 새떼의 울음에 깨서 나왔다. 떼로 울던 새들은 산 넘어가고 두 마리만이 남아 우짖더니 그마저 한 마리는 가고 저 한 마리만 남아서 저리도 운다. 상자에 가둬 놓은 저 새는 뭐냐 물으니 개선장군처럼 자랑스럽게 말한다. 내가 손으로 잡았다고. 세상에.

밭 덤불에 풀을 깎으러 갔는데 처음 보는 새가 발이 넝쿨에 걸려 옴짝달싹하지 못한 채 있더란다. 내일 건호(16개월 손자)가 오면 보여주고 다시 날려 보낼 생각에 잡아 왔단다. 그 말이 끝나기 무섭게 지금 저 울부짖는 새가 보이지 않느냐 해도 무슨 상관이 있느냐다. 오직 손자에게 보여주고 싶다는 마음뿐이다. 전깃줄의 한 마리 새는 아직도 자리를 지키고 있다. 내 귀에는 내 짝 돌려달라고 절규하는 듯했다.

내일 날려 보내겠다는 남편에게 자연에서만 살던 날것이라 제풀에 못 이겨 그때까지 못 살 것이라 해도 귀에 안 들리는 것 같다. 한참을 실랑이하다 카드를 꺼내 들었다.

"다른 새들은 다 가도 가지 않고 우릴 쪼일 듯 머리 위를 도는 새를 보세요! 분명히 짝꿍입니다. 그것도 남편이요. 만약에 내가 누군가에게 납치됐다면 당신은 가만히 있겠느냐 풀어 주세요!" 했더니 그래도 선뜻 응하지 않고 한참을 망설인 후에야 날려 보냈다.

갇혔던 새는 전깃줄로 날아올라 우짖던 새와 한참을 짹짹거리며 서로 입을 맞추고 털을 골라주더니 앞서거니 뒤서거니 하며 앞산으로 날아올랐다. 이 일은 할아버지의 찐손자 사랑으로 빚어진 일이다. 어디 이런 일뿐이랴. 인간의 욕심은 이리도 끝이 없다. 내 것은 소중하지만 남의 것은 소중하지 않다는 생각 말이다. 그만 그런 게 아니라 나 역시 그렇다.

마지막까지 옆을 지키지 못하고 한동안 옆에서 울다 날아간 새는 가족인 것은 분명한데 형제자매일까 자녀일까. 제 목숨 버릴 각오하고 끝까지 자리를 지키며 달려던 새는 남편일까 아내일까. 미물도 이러할 진데 사람은 어떤가. 많은 생각을 하게 하는 하루다.

- 2024. 8월

선재길을 걸으며

 깊어가는 가을이다. 새벽녘 싸한 공기 속 감나무 냄새다. 어둠이 채 가시지 않은 늦은 봄이나 늦가을이면 감나무밭에서 아침 안개 속 풀물 같은 감나무 냄새가 난다. 내 곁을 맴돌며 그리운 샘물이 되어 늘 가슴에 고여 있다. 이런 날은 어딘가를 다녀오지 않으면 몸살을 앓는다. 강원도 평창에 있는 오대산 사고史庫를 둘러보고 선재길을 걸을 참이다.

 몇 년 전 겨울 가족여행 길에 월정사를 들렀다. 세상이 온통 하얗고 월정사 깊은 산사도 눈에 덮인 채 적요했다. 절로 들어가는 입구 오대산 계곡에 누군가 꽁꽁 언 얼음을 깨고 간 자리 위로 살얼음이 얼었다. 그 밑으로 흐르는 계곡물이 명징하도록 맑았던 날, 청년인 아들딸과 당기고 밀어주며 어린 날 동무들과 놀던 때를 생각하며 얼음을 지쳤다. 그날 고요한 적막을 깨고 우리 왁자한 소리가 천년의 숲을 깨웠다. 겨울의 코발트색 높고 맑은 하늘과 전나무숲도 이방인에 놀라 겨울잠에서 몸을 부르르 떨던 한겨울 날이었다.

 그때 선재길을 걷고 싶은 마음은 굴뚝 같았으나 겨울날 높은 오대산 해는 기울고 있었다. 언젠가는 다시 오리라 했던 그 길을 몇 년이 흐른 오늘에야 나섰다. 자연의 몸을 온전하게 드러내는 나목裸木의 겨울을 좋아하지만 입었던 옷을 하나씩 물들이는 가을이면 어떠랴.

도착한 월정사 오대산 가을은 위에서부터 조금씩 붉고 노랗게 몸을 물들이고 있었다. 월정사와 상원사 중간에 있는 평창 '오대산사고'는 외사고外史庫로 월정사에서 관리하고 있다. 고려말부터 조선왕조실록(사고) 일부로 진품은 일제강점기 동경제국대학으로 반출되어 관동대지진 때 소실되었고, 현재는 복제본이지만 볼 수 있다는 생각에 설렜다. 여행의 변수는 늘 있는 법 올라가는 길이 만만치 않다는 말에 밀려 기대했던 '평창 오대산사고'는 통과해야만 했다. 아쉬움에 내 마음은 그곳을 떠나지 못하고 미적거리고 있다.

월정사에서 상원사까지는 비포장도로로 요즘 어딜 가나 포장도로인 호젓한 신작로를 만나서 반가웠다. 상원사는 세조와 얽힌 문수보살로도 잘 알려져 있고 무엇보다 우리나라 가장 오래된 동종銅鐘이 있는 곳이기도 하다. 상원사로 올라가는 길은 전나무로 가득했고 깎아지른 듯한 높은 돌계단은 수행 그 자체다. 경내를 돌며 1300년의 세월에도 건재한 천년 고찰의 목조건물은 얼마나 중생들을 맞이하고 보냈을까. 오늘도 닳아지고 부서진 중간의 석조물들만이 세월의 흔적을 말해 주고 있다.

상원사에서 내려와 외나무다리를 건너 선재길로 들어섰다. 불교《화엄경》에 나오는 선재동자善財童子에서 유래된 지혜와 깨달음을 얻기 위한 수도의 길이란다. 가끔 숲에서 불어오는 바람 옆으로 오대천 자갈과 바윗길이 끝없다. 졸졸거리며 따라오기도 콸콸거리며 내리닫기도 하는 오대산 물줄기의 청량한 계곡물 소리다. 나무들 수런거림과 계곡의 크고 작은 바위들은 따가운 가을 햇볕에 반사되어 새하얀 옥양목을 빨아 계곡에 널어놓은 듯 눈이 부시다.

선재길을 따라 내리 걸으며 마음도 옥양목처럼 저토록 하얗게 빨 수만 있다면 얼마나 좋을까. 구도의 길은 아닐지라도 호젓한 길에서 만나는 이름 모를 들풀, 수시로 불어오는 산바람에 마음을 헹구며 누구의 간섭도 받지 않는 나만의 사색에 오롯이 젖으니 이것이 수행 아닌가.

혼자만의 시간에서 벗어나 무성한 숲에 닿았다. 천년의 숲 오대산은 외래종과 원예종이 범람하는 시대에 우리 고유의 꽃과 나무의 아름다움을 알리고자 조성되어, 산림청으로부터 사립식물원 1호로 지정된 우리나라 최초이자 최대의 자생 식물원이 있는 곳이다. 그래서일까 아름드리 전나무와 서어나무며 자작나무보다 더 너널너널 옷을 벗은 거제수나무다. 그리고 키 낮은 대죽 조릿대 등 숲 오솔길 사이 들풀이 나풀거리며 나그네를 맞기도 보내기도 하며 마중한다.

오늘도 일정이 빠듯해 천천히 풍경 속 풍경을 마주할 시간이 부족해 안타까웠다. 이런 내 마음을 아는지 상원사 앞 선재길에 들어서면서부터 월정사에 다 닿을 때까지 오대천 넓고도 깊은 계곡물이 동무해 주며 '카르페디엠Carpe diem' 순간을 즐기라 한다. 물은 너럭바위를 넘어가기도 비껴가기도 하며 물길을 낸다. 앞에 있는 것에 마주하지 않고 좁고도 넓게 얕고 깊게 흐르며 물길이 되는 오대산 계곡, 상대에게 다 내어주고도 내 것을 민들이 내는 관대하고 너그러운 물길에서 자연의 이치를 배우며 삶에서 나도 그러했는지를 반문케 한다.

젊은 날 남보다 뒤처지지 않으려 안간힘을 쓰며 달렸다. 사업의 경쟁사가 대단한 듯하여 이겨놓고 보니 경쟁할 정도로 대단한 회사가 아닌 본인의 일생을 희생해서 일궈낸 회사였다. 이미 엎질러진 물 그의 회사를 되돌려 줄 수 없었다. 경쟁 상대도 되지 않는 회사를 망하게 한 자괴감과 죄책감에 빠졌던 날들도 있었다.

 젊은 탓이었을까 상생할 수 있는 생각은 왜 못했을까. 오대산 계곡을 비껴가며 길을 내는 물길에 오래된 부끄러움을 얹으며, 지금껏 그 무게를 안고 있었던 내게도 나로 인해 힘들었을 상대의 마음도 오대산 물길에 흘러 보낸다.

 해거름 선재길에서, 서늘한 가을이면 더 싸아하게 풍겨오던 어린 날의 감 단풍잎 냄새가 온몸 구석구석을 적신다.

-《영축문학》2022.9월

놓음에 대하여

놓음과 버림 어느 것이 먼저일까. 모 아침방송 패널로 나온 연륜이 오랜 여성 연예인이 몇 년 전부터 놓고 버리는 연습을 했더니 삶이 훨씬 가벼워졌다는 내용이다.

방송을 보는 내내 '놓지 못해서 버리지 못하는 게 뭐가 있나'를 내게 반문해 본다. 삶 자체가 만나고 헤어짐의 연속이니 어찌 얽히고설킨 인연이 없겠는가. 때로는 놓고 버려야 함에도 놓지 못해 버리지 못하고, 풀어서 잘 쓸 수 있는 인연의 끈도 풀지 못해 좋은 인연을 놓쳐 버린 만남이 얼마나 많았던가.

나에게 친정어머니는 슬픈 여인이다. 물 먹은 스폰지처럼 어머니는 내게 슬픔이었다. 당신은 인간이 인간을 한없이 초월한 삶이요 여자로서는 행복과 먼 삶이었다. 어릴 때 어리광부린 기억이 없다. 어머니는 당신에게 지워진 삶의 무게를 감당하기엔 너무 젊고 가난했다.

초등학교 입학 전이지 싶다. 어느 추운 겨울밤, 소리 죽여 우시는 모습을 처음 봤다. 그 후, 그 슬픔은 내게 전이된 듯 어린 나이에도 어머니를 생각하면 눈물이 났다. 어린아이가 어떻게 어머니의 서러움을 알 수 있을까. 인간의 본능이지 싶다. 결혼해서 아이를 낳고 그 애들을 키우면서 알았다. 자녀는 잘해

줘서 행복한 게 아니라 부모가 행복하면 아이들은 그 사랑을 먹고 자란다는 것을.

 서른 초반 어린 오 남매만 남겨두고 아버지는 가셨다. 아버지에 대한 기억은 임종 직전 목마르다고 물을 달라고 하신 게 전부다. 설날이 지나고 얼마 지나지 않은 정월 초, 고추같이 매서운 날이다. 장례를 돕기 위해 큰집 사벌에서 친척들은 이십 리 길을 걸어왔다. 아버지뻘 되는 사촌오빠들과 스무 살 위인 조카들 옷에서 고드름을 따 먹던 기억이 어제 일처럼 생생하다.

 어머니는 밤을 낮 삼아 바람처럼 사셨다. 어머니라는 이름 앞에는 강했으나 곱고 아름다운 것을 좋아하셨던 어머니. 바쁜 일상에도 집 앞마당 장독대 옆이며 집으로 올라오는 언덕 길섶에 철 따라 꽃씨를 뿌렸다. 바쁜 중에도 가끔 물을 주며 꽃을 들여다보고 있는 어머니를 보면 행복해 보였다. 잔치나 큰일이 있을 때면 창꽃색 저고리와 남색 치마를 입으셨다. 고운 모습은 봄바람처럼 가벼워서 나도 덩달아 행복했던 기억의 파편들.

 결혼 후 자주 찾아뵙지 못해 전화를 드리면 "엄마는 괜찮다. 시댁 일도 많은데 아이들 잘 키워라"시며 오히려 딸을 챙기시던 어머니. 어느 시인의 말처럼 어머니의 말씀이 진짜 괜찮아서 그런 줄 알았다. 아이들 어릴 때는 전화라도 자주 드려 당신이 하고 싶은 말이 끝날 때까지 삼분이든 한 시간이든 들었다. 그게 어머니의 한을 조금이라도 풀어드리는 일이라 생각했다.

 아이들이 초등학교 졸업할 때쯤 다시 사업을 시작했다. 한창 바쁠 때 전화하시면 "엄마 조금 있다 전화할게요"하고는 잊고 지난 때가 얼마인가. 세월 지나,

어머니 늙으시고 아프셨을 때 친정 올케는 "어머님이 셋째 고모 전화를 꼬박꼬박 기다렸어요"라는 말은 오래도록 내게 회한悔恨으로 남았다.

　오랜 병 끝에 잘 드시지 못했으나 영면에 들기 두어 달 동안 평소 좋아하시던 음식을 해드리면 맛있게 드셨다. 평생에 누리지 못했던 삶을 다 누리신 듯 환한 미소를 지으셨다. 우릴 볼 때마다 '고맙다 사랑한다' 고백을 넘치도록 하셨다. 당신이 영면에 드시기 전 우리가 당신을 행복한 여인으로 기억할 수 있도록 우리에게 준 최고의 선물이었다. 어머니의 사랑한다는 말을 들을 때마다 유년의 상처들이 눈 녹듯이 사라지고 행복감으로 충만했다. 그제사 가슴 깊이 묻어 둔 슬픈 여인을 놓아 드릴 수 있었다.

　세상 모든 어머니가 그렇듯 자식을 위한 일에는 한 치의 양보도 없는 강한 여인이나 연약한 여자였다는 걸 한참 후에야 알았다. 두어 달 우리가 당신께 사랑을 표현할 수 있도록 기다려 주셨고 지난한 세월 우리에게 표현하지 못한 사랑을 고백해 주셨던 나의 어머니.

　이제 아이들도 그들의 세상을 위해 떠나보낼 채비를 하자. 그들에 대한 기대와 바람도 함께. 의미부여 했던 잡다한 생각들과 가슴 한편에 서운함으로 있던 사람들도 놓자. 허전할 것 같던 것을 놓으면 오히려 개운하고 편안해지겠지. 생전에 소설가 박경리 선생은 '오직 버리고 갈 것만 남아서 참 홀가분하다' 하셨는데 그 의미가 크고 깊게 느껴지는 날이다.

　놓고 버리는 삶. 내일이 온면 또 영혼에 먼지가 앉겠지만 매일매일 반복하다 보면 깃털처럼 가벼워 지리라. 비워진 빈자리에 글쓰기로 내 내면을 정화 시키며 꿈과 희망을 건져 올리리라. 지금 가지고 있는 것들에 감사하고 감사하며 풍요로운 삶으로 채우리라.

　주님이 부르시는 날 파란 가을 하늘처럼 맑게 살아서 버릴 것이 육체뿐일 수 있게.

- 《문학한국》 2019. 봄호

제4부

아름다운 사람아

주님 이들의 헌신과 수고와 사랑에 이들을 향하여 얼굴을 드사 지키시고 보호하시며 평안으로 이끌어 주시옵소서

저물녘 마재마을에서

물안개 어둠 품은 저물녘
포개진 능선들이 차례로
불려가 소멸하는 저녁

우수에 찬 강
하늘이 품다
그 황홀함에 숨이 막혀라

기러기 떼
어둠 가르며 나는데
하이얀 흰 가슴 석양에 젖어
노을인 양 붉게 물들고

열여드 해 유배 풀려나
고향 올 제

그리던 산하 그날도
윤슬 반짝이며 그를 맞이하였으리

그리고 보고파 애달팠던 영혼
여유당* 지난한 세월 강에 풀어 놓고
살포시 어둠 내려앉는 두물머리 한강에
그를 누이며 참 안식을 얻었으리라

* 여유당– 다산 정약용의 아호이며 생가의 당호

In Majae Town at Sunset

In the evening covered with moisturized
fog and darkness, the overlapping ridges
were called and disappeared in turn.

The sky embraced the river which was
full of melancholic atmosphere.
This exquisite ecstasy made me almost
suffocated.

A flock of geese flew through the darkness.
Their white breasts were dyed reddish
like the sunset soaked in the setting sun.

Upon returning to his hometown after
released

from an exile of eighteen days, his beloved

hometown river and mountain would

have greeted him shining brightly

Town people longed to the heart

of the soul of Yeoyudang.**

They poured the painful years

into the flowing river.

They would have got real comfort

by laying him down at Dumulmeori,

Han River where the twilight fell softly

**Yeoyudang: another nickname of Jeong Yakyong

– 한국문학신문 2022. 4월

번역: 록산 이기태 시인. 수필가. 번역가. 서울대 불란서어학과 졸업 동대학원 졸업
 청하문학중앙회 부회장. 한국펜협력위원. 번역출판업. 청하문학상 수상.

청하 성기조 선생님께

  작년 이맘때였지요. 쓰러지시기 닷새 전, 그날도 제자들이 보낸 구순문집 원고가 든 큰 쇼핑백을 들고 지하철 계단참에서 잠시 숨 고르기를 하시는 선생님을 뒤에서 바라만 볼 수밖에 없었던 날. 사무실까지 들어다 드리겠다고 해도 손사래를 치시며 기어코 당신이 들고 힘겹게 한 계단 한 계단 오르셨지요. 그것이 선생님과의 이별이 될 줄 몰랐습니다

  《한국수필》 최원현 이사장님으로부터 《한국수필》 2022.12월호 권두시로 청하 선생님 시 한 편을 보내 달라고 부탁하셨습니다. 선생님께 말씀드렸더니 너무도 기뻐하셨지요. 그리고 언제 책이 나오느냐고 몇 번을 물으시며 책을 꼬박꼬박 기다리셨지요.
  왜 아니 그러셨겠어요. 십 년이란 세월을 「청하헌靑荷憲」에서 칩거하게 만든 일로 외롭고 고독하셨을 당신께서는 먼저 손 내밀고 싶었으나 자존심이 허락하지 않으셨겠죠. 원고 청탁을 받고 기뻐하시는 모습에 조금이나마 그들을 용서하지 않으셨을까 하는 생각도 했습니다.

그때 실렸던 선생님의 권두시는 《한국수필》 창간 50주년 기념사업의 하나로 10년 동안의 권두시들을 모아서 『수필가가 좋아하는 시, 수필가가 좋아하는 시인』로 엮어 (사)한국수필가협회에서 출판되었습니다. 선생님이 보셨으면 얼마나 기뻐하셨을까요. 볼우물 미소의 온화하신 모습으로 "잘했네" 하셨겠지요. 그곳에서.

— 서울詩壇 2024. 2월

금강하구, 몸을 풀다

물안개 세상
해가 정오를 향해 떠오르자
수줍은 여인처럼 조금씩 속살 드러내는
신성리 갈대숲

언제 그랬냐는 듯 안개는 삽시간에 물러나고
드러난 세상은 경이로움 그 자체

하늘이 노랗게 되는 순간
아이가 산도를 통해 나올 때 환희처럼
그렇게 금강하구는 열리고 있다
경험해본 여인은 알리라 그 고통과 희열
한 생명을 생산했다는 충만한 기쁨을

그랬다,

겨울이 훑고 간 삭막한 갈대숲도 수런거리고
하구河口 반쯤이 물안개로 가려 있는 사이로
강 건너 군산이 안개에 젖어 아스라이 흔들리며 오고
물안개 자욱한 속 강이 몸을 푼다

아직 바람은 차고 푸르른 생명도 보이지 않는데
물안개 걷힌 금강엔 이미 바람 속
무수한 봄 봄 봄

The Estuary of River Geumgang, Delivers a Baby

Poem : Yun Jong Hee
Translated by : Lee Keytae

In the world of thick mist,
as the sun rose toward noon
the Shinsung-ri reed forest
revealed its inner self little by little
like a shy woman.

The mist swiftly disappeared
as if it had never ever happened.

The revealed world was a wonder itself.
At the moment the sky turned yellow,
the estuary of river Geumgang was opening up

like the joy when a baby passed through the birth canal.
A woman who has experienced it
would understand the pain and joy,
and the full joy of giving birth to a life.

That's it.
The desolate reed forest was also rustling
that the cold winter has swept over.
Half of the estuary was obscured by the mist.
Across the river, Gunsan was wet in fog seemed
dimly approaching by shaking.
The river relaxed itself amidst the mist.

The wind is still cold and no green lives came into sight.
The Shinsung-ri reed forest, where the mist has cleared,
was already in the spring wind.
Spring has come, spring covers the world.

— 한국문학신문 2024.3월

번역: 록산 이기태 시인. 수필가. 번역가. 시 문예운동 등단. 청하문학중앙회 부회장. 한국펜협력위원

마지막 선물

근심 걱정
안고 산 어머니 고통만큼
능선은 높고 계곡은 깊어

십여 년 병중 총명 강단 간데없고
채미밭 화단 가꾸시던 때 언제였던가
두문불출 자녀조차
알아보지 못하길 십여 년

가슴 절절히 눈물 고이네
원초적 본능으로 사신 세월
흑채 같은 머리 하얀 서리 내린 지 까마득해
창문은 흐려지고 맷돌도 닳아지고

곱디고운 얼굴 어디 가고

앙상한 뼈마디 거죽만이 남아
안아 옮길 때마다 가슴 저미네

이 세상 떠나실 제
사랑한다 고맙다
첩첩한 모든 고통 내려놓고
태고 적 고요한 얼굴
우리에게 준 당신의 마지막 선물

―《현대계간문학》 2017. 가을호

아름다운 사람아
– 사랑하는 동생 종호와 올케 이용희에게 띄우는 편지

믿음으로 품은 서른네 살 아이
그대들은 강인하고 아름다운 부모라

세상의 편견과 시선에도 흔들리지 않고
믿음으로 아들을 바라보며
하나님이 주신 선물이라 여기며
서른넷 아이를 천사라 하는 그대들이여

서른넷, 세 살 아이가 보여주는 세상과 소통하려
끝없이 고군분투하며 인내하는 그대들로
인하여 내 안에서는 안개비가 내린다오

그 아이가 보여주는 작은 미소에
세상에서 가장 큰 행복을 느끼고
아이가 보여주는 작은 변화에도

가장 큰 기쁨을 느끼는 그대들이여

언젠가 '우리 집에는 큰 근심이 있어 어떤 일에도 근심이 되지
않는다' 하던 그대들의 말에 가슴 무너진 날도 있었다오
서른네 해, 밥 한번 편히 먹지 못하는 그대들을 볼 때마다 속울음을 운다오
감당 못 할 시험은 주시지 않는다고 하신 주님께 기도하며
그대들의 영혼을 어루만져주시길 기도할 뿐이었소

아름다운 그대들을 응원하며 고맙다 감사하다 전하오

주님 이들의 헌신과 수고와 사랑에 이들을 향하여 얼굴을 드사 지키시고 보호
하시며 평안으로 이끌어 주시옵소서

— 2025. 5월에

제5부

영혼의 우물

인간은 누구에게나 남에게 보이고 싶지 않은 우물 하나쯤 있지 않을까. 나 역시 젊은 날엔 그러한 우물을 들여다볼 염두조차 내지 못했다. 세월이 흐르면서 들여 다 볼 수 있는 시간이 많아지고, 그런 시간을 가지면 가질수록 투명해지고 엷어졌다.

상처가 풍경으로 건너갈 때
—정선 운탄고도 하늘길

  오월의 싱그러운 바람이다. 얼굴을 스치며 사북역사舍北驛舍를 휘돌아 나간다. 오늘 트레킹의 목적지는 정선 꽃꺾끼재 '운탄고도'이다.

  잠시 멈춰 선 사북역, 허가된 카지노 근처엔 건물마다 전당포다. 간판들은 호기심으로 시작해 쾌락으로 인생을 송두리째 빼앗겨버린 그들 삶을 말해주는 듯하다. 평일 오전 산골의 역사驛舍는 적요했다. 동양 최대의 동원탄좌가 번성하던 시대를 잊은 듯 청소하는 아주머니만이 간간이 보인다.

  사북역에서 버스로 삼십 분만에 임도 삼거리에 도착했다. 아슬아슬하게 낭떠러지로 올라오던 길과 달리 넓은 고원이다. 정선 사북 고한을 거쳐 중국의 차마고도茶馬高道에 비유되는 운탄고도는 '석탄을 나르는 높은 길 운탄고도運炭高道, 구름이 양탄자처럼 펼쳐져 있는 고원 길 운탄고도雲坦高道'이란 중의적인 뜻을 가졌다. 석탄산업이 활황이었던 시절 제무시 지엠씨트럭들이 검은 먼지를 날리며 다녔던 길이다. 무연탄을 실어 나르던 길로, 우리나라에서 포장도로가 놓여 자동차를 타고 갈 수 있는 고도가 가장 높은 고개로 만항재에서 함백역으로 이어진다.

  지금은 사람 발길이 끊어져 수백 종의 야생화가 길을 밝힌다. 해발 1100m가

넘는 고원으로 우리나라에서 유일하다. 석탄산업이 뒤안길로 사라지자 호젓한 산길엔 양치식물 같은 희귀 고생식물이 그득하다. 정선과 고한 함백역으로 이어지는 길은 진달래와 철쭉이 온 산에 만발하여, 길을 가던 나그네와 나무꾼이 한 아름씩 꺾어 간다고 해서 붙여진 이름 꽃꺾끼재 화절령花折嶺이다.

한 시간여 걸어서 도롱이 연못에 닿았다. 탄광의 갱도가 지반침하로 인해 생긴 웅덩이로 광부 아내들은 이곳 도롱뇽에게 남편의 무사를 빌었단다. 공기도 희박한 막장 굴에서 생사기로에 놓인 가장의 안녕을 얼마나 빌고 빌었을까. 하늘과 구름, 쭉쭉 뻗은 낙엽송이 연못에 빠져있다. 벤치에 앉아 나무와 숲, 자연의 소리, 불어오는 시원한 바람에 땀을 식히며 그들을 마음에 얹었다.

초록 위에 초록이 눕고 그 위에 연한 초록이 가볍게 몸을 누이는 길. 정선 태백 영월에 걸쳐 있는 산속 굽이굽이 84km 비포장도로가 길게 이어진다. 지나는 중간중간 바람이 어디서 불어오는지 서늘할 정도로 산바람이 휙휙 지나치며 지친 나그네 땀을 식혀준다. 한참을 오르다 생각지도 못했던 '운탄고도 1177 갱'이란 사북 고지에 있는 동원탄좌 갱과 조우했다.

꼬두람이 태어나지 않았던 그때, 아픈 아버지와 함께 어머니는 우리를 업고 걸리고, 모든 걸 정리한 돈을 쌀가마니에 넣고 숯으로 사방으로 둘러 돈 냄새를 없앴다. 짐꾼에게는 고향 가서 땔 숯이라 말하고 도적 떼가 많은 통리재를 어렵게 넘었는데, 가져온 돈은 우리 것이 될 수 없었다.

"그 돈만 있었으면 너희들 고생 안 시킬 텐데" 지금도 환영처럼 어머니 한탄

하시던 말이 귓가에 쟁쟁하다. 아버지 가시고 겨울 깊은 밤, 서른넷 어머니가 '석탄 백탄 타는데 연기나 펑펑 나지 이내 가슴 타는데 연기도 김도 안 나네'를 읊조리시던 밤들. 그럴 때면 숨죽이고 들었던 어렸을 적 어머니 서러움이 고스란히 내게로 왔었다. 그리고 가마니 돈 이야기는 어머니의 삶이 고단할 때마다 한풀이 되어 나오곤 했다. 그래서일까 한 번은 그곳을 찾아가 보리라 마음을 먹었는데, 오늘 '사북탄광'을 지날 줄 누가 알았겠는가.

일천 고지 이상에만 핀다는 산철쭉, 친정어머니가 좋아하셨던 꽃이다. 투명하도록 고와서 건드리면 부스러질 것 같은 가녀린 꽃. 평생을 가슴앓이하고 사셨던 어머니 같은 꽃이다. 집안에 큰일이 있을 때면, 창꽃색 저고리에 남색 치마를 곱게 차려입으신 모습이 평소와 달리 행복해 보이시던 당신이 거기에 있다. 살던 곳에서 황망하게 떠나야만 했던 어머니 한숨과 지난한 세월의 한을 산철쭉꽃 즐비한 길에 뿌렸다. 길가 바람결에 손 흔드는 노란 산민들레와 초롱꽃, 고개 끄떡이며 지나가는 풍경들이 가벼워진 내 마음을 배웅한다.

한동안 넋을 놓고 바라보는데 발아래 산비탈로 연못도 아닌 황톳빛 작은 웅덩이가 보인다. 안내문에 '정화시설로 폐광에서 흘러나오는 갱내수는 물을 오염시키므로 그걸 방지하기 위한 것'이라 적혀있다. 이곳저곳 석탄을 파냈던 흔적의 상처가 아무는 중이다. 역사의 그늘에 묻힌 탄광촌을 지나며 떠올렸던 아버지와 시름 많았던 어머니도 자연 속에 묻었다. 골바람에 살랑이는 들풀이며 고운 능선에 지천인 푸름, 미적대는 나를 해거름 햇살이 등을 떠민다.

자연이 주인인 길, 이젠 우리가 비켜줘야 할 것 같다. 우리 삶의 번민과 고뇌들은 자연 앞에 아무것도 아닌 것을. 풍경은 풍경으로 이어져도 길은 시간이고 세월이다.

- 한국문학신문 2022. 3월

한국의 정원

하얀 수련이다. 북촌을 거닐다 들어간 한옥 마당 돌확 위에 핀 수련에서 외가와 친가의 정원을 봤다.

외갓집 뒤안 작은 연못이며 정원은 어린 내게는 경이로웠다. 계절이 바뀔 때마다 달라지는 풍경은 나를 그곳으로 달려가게 했다. 여름으로 넘어가는 길목 우물가 옆 빨간 앵두며 덩실덩실한 모란꽃이다. 여름으로 접어들 즈음이면 연못엔 수련과 마름 부들 개구리밥이 가득 떠 있었다.

외갓집은 옆으로 흐르는 도랑물을 끌어다 연못을 만들었는데 졸졸거리며 흐르던 물소리는 보고 싶은 엄마도 잊을 만큼 내 마음을 훔쳤다. 정원은 뒷집 담과 연하여 토란밭도 있었다. 큰 토란잎에 맺힌 이슬이 또르르 굴러떨어질 듯 아슬아슬하게 흔들리던 그 아침의 정경情景들이다.

외할아버지가 계시는 사랑채 뒷문을 열면 키 낮은 대나무와 늙은 감나무 한 그루가 집을 지키듯 떠 억 버티고 있었다. 외갓집 감나무 중에서도 홍시가 감탕甘湯 같았던 나무다. 앞마당에서 멀리 떨어진 뒷간 옆엔 딸을 낳으면 심는다는 커다란 오동나무 한 그루도 있었다. 나무는 바람이 불면 '슥~슥' 하는 서늘한 소리를 냈고 가을밤에 '툭' 하고 떨어지는 낙엽 소리에 엄마가 보고 싶었던 밤이다.

  사별 큰집의 커다란 연못은 외가와 다르게 사랑채 누마루 옆 오동나무가 있는 담을 끼고 네모반듯했다. 한가운데 작은 섬이 있고 그곳에는 키 작은 나무 한 그루와 갖가지 연꽃이 폈다. 산을 뒤로하고 연못가에 작은 정자도 있어 가을이면 빨간 고추잠자리 천국이다. 가끔은 조카들과 정자에서 놀았고, 여름날 대청마루에 배를 깔고 누워 있으면 멍울멍울한 배롱나무 꽃가지를 바람이 가만히 흔들며 여름을 데려가고 있었다.

  한국 정원이 일본과 중국과는 다른 은근한 운치를 자아내는 자연미는 어디서 온 것일까. 우리나라는 대개 자연에 기대어 뒤에는 산이 병풍처럼 둘러쳐 있고 앞에는 냇물이 감싸고 흐르는 남향받이가 대표적 집터인 배산임수背山臨水다. 집에 들어서면 사방 동서남북의 위치에 춘하추동과 음양의 목화토금수木火土金水 오행의 이치를 좇아 이루어지는 공간이 우리나라 정원이다.

  동쪽은 시작하는 곳으로 오행으로 목木이며, 봄은 동쪽에서 시작한다. 그러기에 제일 먼저 봄을 알리는 나무를 심었는데 동쪽 우물가 텃밭에 앵두나무며 살구나무다. 이렇게 동에서 시계방향으로 남쪽에 이르면 여름이 된다. 여름은 오행으로 화火, 불이다. 그러므로 삼복三伏 염천炎天에 더위를 식혀줄 물이 필요해 다른 곳에서 끌어다 연못을 만들었다. 그런데 그 연못이 네모꼴이다. 이는 천원天圓 지방地方이라 해서 '하늘은 둥글고, 땅은 네모났다'는 것이다.

  음양으로 따지면 하늘은 '양' 곧 남성, 땅은 '음' 여성이다. 고로 네모난 연못

속에 둥근 섬이 들어있다는 것은 여성 속에 남성이 들어있다는 뜻이다. 우리 연못에 이런 신비하고 깊은 의미가 있다는 게 놀랍다. 더위도 식히고 집안의 부귀와 다산을 불러온다는 의미도 있다니. 그뿐 아니라 나무로 지은 한옥에 불이 났을 때 연못은 소화전 역할도 톡톡히 했다. 우리 선조의 지혜다.

남쪽 마당 어귀에 오동나무를 심었는데 오동나무는 물오름이 좋고 잎이 넓어서 여름에는 햇볕을 가렸고, 겨울에는 가지가 성글어서 잎이 지고 나면 볕이 마루 안쪽까지 들어와 집안을 환하고 따뜻하게 해줬다. 또 무더운 여름날 잎에 듣는 빗소리는 상쾌하고 싱그럽기까지 하다.

서쪽은 계절로는 가을이요, 오행으로는 금金이다. 싸늘해지는 계절이다. 아쉬운 것은 따뜻한 햇볕이다. 그래서 감나무를 서쪽에 심은 게 아닐까. 저물어가는 11월 엷은 햇빛에 주홍색으로 익어가는 감은 가을날 서늘해지는 우리 산야를 붉게 물들였고, 잠시 가을 햇볕은 아쉬운 듯 멈칫멈칫하며 외갓집 사랑채 뒤 늙은 감나무에 잠시 머물다 가곤 했다.

북쪽은 모든 것이 얼어붙는 겨울로 수水이며, 엄동설한嚴冬雪寒이다. 사위는 적막하고 그 푸르르던 녹음은 간데없고 여름의 푸른빛을 가져오고 싶은 계절이다. 그래 대나무를 북쪽 뒤뜰에 심었다. 어릴 때 집집마다 뒷곁에 대나무가 있었다. 대밭은 바람을 막아주고 여름 물난리도 막아줬다. 삭막한 회색빛인 계절에도 푸른빛으로 잠시 겨울을 잊게 했던 나무. 어린 날 세차게 바람 부는 겨울이면 뒤안 댓잎 부딪히는 소리에 무섭기도 하던 우리 삶을 지켜주었던 나무다.

이와 같지 않다고 한들 또 어떠랴. 일본은 인위적인 작업으로 아름다운 풍경을 연출하려 하고, 중국은 한정된 공간 안에서 자연을 과장하려는 경향이 있어 부담된다. 한국 정원은 사람이 자연의 모습으로 돌아가는 일종의 통로로 생각했다. 나무와 산을 모두 마당의 일부로 여기며 건물이나 건축물은 자연에 기대어 동화되도록 지었다. 바로 그곳이 유네스코에 등재된 우리나라 대표적인 정원 창덕궁 후원後園 비원祕苑이다.

  정원을 가꾸며 자연의 순환을 본다. 우리네 마당은 계절마다 바뀐다. 시간의 흐름을 자연스럽게 볼 수 있는 곳이기도 하다. 그 누군가 '친구 집을 계절마다 가보지 못했다면 그 집을 진짜로 방문한 게 아니다' 한 것처럼 한국 정원은 사계가 그 안에 있다. 자연 그 자체다. 우리 삶에도 계절이 있으니 내가 어느 계절에 속했는지 알고 이에 맞게 살 일이다. 인간관계도 똑같지 않을까 싶다. 그 사람이 겪는 삶의 계절을 모두 지켜보지 않고 어찌 그 사람을 이해한다고 할 수 있을까.

  다듬고 쪼개어 만들지도 과하게 다른 곳에서 옮겨 오지도 않은, 있는 듯 없는 듯 열린 세계가 우리나라 정원이다. 우리 것이 주는 자부심과 위안은 유년의 결핍으로 허기졌던 수많은 시간을 내게서 서서히 빼앗아 가고 있다. 그때도 지금도.

-《문예운동》 2024 여름호

어! 진짜네

 더위도 한풀 꺾여 바람이 좋다. 오늘도 손자 녀석을 유모차에 태우고 중랑천 둑을 걷는다. 이맘때면 산책 나오신 어르신과 조깅하는 이들로 붐빈다.
 올해 같은 무더위에도 여름내 중랑천 변이 수국으로 풍성했는데 이젠 그 자리를 목수국이 대신하고 있다. 손주는 불어오는 바람이 상쾌해서인지 엉덩일 들썩 인다.
 앞에서 엄마와 산책 나온 아이가 빠르게 다가온다.
 "어! 엄마 애는 진짜야~"
 "그러게 아유 귀여워 몇 개월인가요?"
 "네~ 십육 개월이요."
 아이는 신기한 듯 연신 뒤돌아보며 손주에게 바이 바이를 한다. 손자 녀석도 손을 흔든다. 처음 이 소리를 들었을 땐 '사람에게 진짜라니 뭐 이런 말을'이라며 살짝 불쾌했으나 지금은 자주 듣는 소리라 일상이 됐다.
 아이가 지나가고 마주 오는 쌍둥이 유모차다. 반가운 마음에 들여다보니 어미와 딸인지 자매인지 시츄 두 마리가 각각 유모차를 차지하고 있다. 멋쩍기도 하여 '아유 귀엽네요'를 하고 돌아서는 마음이 그리 유쾌하지 않다. 반려견을 키운다는 게 나빠서가 아니다. 손자를 태우고 나가면 만나는 유모차 열 대 중 일고 여덟이 반려견이다.

젊은이들은 결혼해도 의도적으로 아기를 낳지 않는 딩크족이 늘고 있다. 아니 결혼하기 전 자녀를 낳지 않기로 합의해서 결혼하는 시대가 됐다. 이 나라에서 웬만큼 벌어서는 제대로 아이를 키울 경제적인 능력이 없어서란다. 아주 일리가 없지는 않으나 들여다보면 나 외에는 신경 쓰는 게 싫은 개인주의요 이기주의가 아닌가 싶다.

내 분신으로 해서 느끼는 희로애락을 겪어 보지 않고 어떻게 인생을 살았다고 말할 수 있을까. 물론 비혼주의자도 자기 계발을 통해 위대한 업적을 남긴 사람도 많다. 그러나 젊은이 다수가 그렇다니 문제 아닌가. 우리는 출산율이 세계에서 가장 낮은 나라다. 문제는 한국은 저출산과 고령화가 맞물려 있다는 거다. 그로 인해서 생산가능 인구가 급격히 줄어든다.

인구구조의 변화로 국제 경제문화와 사회복지 비용이 급증하는 문제가 발생하고 있다. 이 말은 천연자원이 없는 나라에서 사람이 자원이었는데 그 자원이 없어지는 것이다. 그 누가 이야기하듯 지구상에서 어쩌면 한국이라는 나라가 가장 먼저 없어질 것이란 말에 공감이 된다. 그럴 일이야 없어야겠지만.

유모차를 끌고 산책하다 보면 다문화가정 아기도 만난다. 몇 년 전까지도 특정 지역에만 거주했는데 지금은 어디서나 쉽게 마주친다. 그만큼 다문화가정들이 늘어났다는 게다. 지금 세계는 '이주의 시대(The age of migration)'라 한다. 지금 들어와 있는 이주노동자들을 이방인 취급할 일이 아니다. 그저 들어왔다 일시적으로 돈만 벌고 돌아가게 해서는 안 될 일이다. 우리가 가난했을 때 기회의 땅 아메리칸드림이라고 해서 미국으로 많이들 가지 않았는가. 그때 한 사람이 정착해서 가족을 불러들였다. 이같이 가족도 들어오게 하는 길을 열어 가정을 꾸릴 수 있도록 해야 불법체류로 해서 범법자가 되는 걸 막을 수 있지 않을까.

이제 들어온 그들에게 안주할 수 있도록 제도적인 기회를 부여해 권리와 의무를 동시에 행사할 수 있게 해야 한다. 이미 종교단체나 지자체에서 이들을 위한 작은 공동체들이 운영되고 있다. 그러나 나라에서 더 적극적으로 나서야 할 때다. 그들로 인하여 어린아이 출생이 늘고 이주노동자들은 생산현장에 참여함으로 경제발전을 유지할 수 있으니 서로 상생하는 길이지 싶다.

이를 위해 가장 먼저 할 일은 언어다. 말은 그 나라 정서가 깃들어 있기에 그 지역문화를 빨리 흡수할 수 있다. 이렇게 할 때 빠르게 정착할 수 있을 것이다. 일제 강점기 때 가장 먼저 말살한 게 말이었다. 언어에는 그 나라 정신이 들어있다. 그러니 일정 부분 이수한 사람에게 먼저 인센티브를 주어 그에 상응하는 사회적인 보장을 받고 대한민국 시민으로 당당하게 살 수 있도록 해야 할 일이다.

'어! 진짜네'라는 말을 들었을 때 어쩌다 이렇게 됐나 싶었다. 이젠 반려견 반려묘 반려식물까지 나오더니 돌까지 반려가 되는 세상이라니. 생명 없는 돌에까지 반려로 한다는 말은 생명 있는 것은 보살피고 거두어야 하는 수고를 해야 하는데 그것조차 싫다는 말이다. 내 편리에 따라 내 마음대로 사랑하고 버리겠다는 말 아닌가.

이제 AI 발달로 사람 같은 피부에 감정까지 있는 인간을 닮은 로봇을 만들고 있다고 한다. 어느 날인가 '어! 진짜 사람 맞네' 하는 날이 오지 않기를 바랄 뿐이다.

- 2024. 9월

엄마라는 이름은

토끼 같은 새하얀 앞니 두 개를 내놓고 꺄르륵 꺄르륵이다. 여린 잇몸을 뚫고 솟아 나온 앞니는 개선장군이라도 된 듯이 우리를 환호케 했다.

녀석은 이미 우리에게로 온 날부터 우리 마음밭을 흔들어 놓았다. 비어 있는 의정부 집을 오가며 농사를 짓고 있어 책상 앞에 앉을 시간조차 없다. 그런 내게 한 번 파놓은 마음밭은 호출하지 않아도 녀석에게로 달려가게 한다. 녀석을 보고 온 날이면 눈에 선하고 첫사랑에 가슴 설레듯 그냥 울렁거리게 한다. 작고 여려서 안으면 으스러질 것 같은 어린 것이 어느새 생애 첫 성장통을 앓더니 두 개의 앞니를 자랑하며 우리가 무얼 먹으면 저도 달라고 가만있질 않는다.

뿐이랴, 무에 그리 좋은지 펄쩍펄쩍 제 어미 품에서 몸을 들썩이며 야단이다. 떠 주는 이유식을 작은 입을 벌려 제비 새끼처럼 잘도 받아먹는다. 딸아이는 산후 몸이 좋지 않음에도 신선한 채소며 먹거리를 공수해 갖가지 이유식을 만들어 제 새끼는 먹이고 저는 굶을 때가 많다. 손목인대가 늘어나 몇 개월째 병원 치료를 받고 있다. 그런 불편한 손으로 하루에도 대여섯 번 '응아'를 한 녀석을 안고 화장실로 냅다 뛰어갈 땐 아픈 것도 잊는 것 같다. 엄마니까. 결혼하기 전엔 제 몸 하나도 추스르지 못했던 걸 생각하면 참 엄마라는 존재는 위대하다.

 내가 초등학교 들어가기 직전 겨울, 엄마는 내 머리를 감기려고 들통에 물을 올려놓고 잠시 자리를 비우셨다. 그런데 난 펄펄 끓는 물을 들어 올릴 수 있을 것 같아서 들다 부뚜막에 걸려 내 발등에 그대로 붓고 말았다. 엄마는 나를 업고 십 리나 떨어진 읍내로 뛰었다.

 그때, 내 아픈 것도 아팠지만 나를 업은 엄마가 넘어질까 봐 더 겁이 났었다. 생각해 보면 고추같이 매서운 정월 겨울밤 가녀린 오 척 단신의 몸으로 당신 덩치만 한 나를 업고 어떻게 십 리를 뛰었을까. 그 밤 당신의 수고에도 불구하고 삼도 화상을 입었고, 치료하느라 초등학교 입학이 한 해가 미루어졌다. 그 화상의 상처 때문에 엄마는 평생을 가슴 아파하시며 당신을 죄인처럼 여기고 사셨다.

 어린 손자가 더러는 이유 없이 보채거나 제 어미를 힘들게 하면 가만히 녀석을 안고 '너는 엄마 강아지 엄마는 할머니 강아지 엄마 힘들게 하지 마래이' 하면 알아듣는지 조용해 진다.

 올봄 정원 회화나무 중 가슴까지 오는 탐스럽고 풍성한 나무 근처에서 작은 새가 '짹짹~짹 포르르' 유난하게 곁을 떠나지 않고 울었다. 참새보다 작은 새 두어 마리가 나무 곁에서 나무 위에서 분주하다. 땅과 나뭇가지를 드나들며 우는 새를 바라보며 유별나다 싶었다. 입춘도 지나 우수가 가까워 큰 회화나무를 전지하는데 나뭇가지 사이 아늑한 곳에 작은 빈 둥지 하나.

그랬구나. 제 새끼들을 거기에 두고 어떻게 할까 봐 그리도 들락거리며 울었던 게다. 그것도 우리가 항상 앞 밭으로 지나다니는 길목이다. 봄 농사 때문에 나무 옆으로 자주 지나다녔는데 그곳에 둥지를 튼 어미가 얼마나 마음을 졸였을까. 앞마당 회화나무 위에서 쉼 없이 지저귀던 그 작은 새도 봄이 한껏 부풀 즈음에는 제 식구들 다 데리고 떠나고, 정원 사철나무 우듬지는 또 다른 새들의 천국이 됐다.

사람이나 짐승이나 제 새끼를 해롭게 하는 자 앞에선 무서울 게 없다. 어느 전시회에서 봤던 해학적인 조각상이 생각난다. 내 새끼를 해코지하는 것을 향해 험악한 표정을 적나라하게 표현해서 웃음도 나고 진심이라 공감했던 일이다. 가끔은 이런 본능이 지나쳐 사회적 공분을 사기도 하지만 엄마의 무조건적 그냥 반응이다.

제 새끼 입에 들어가는 거 아깝지 않고 자식에게 무슨 일이 나면 물불 가리지 않고 뛰어드는 불나방이다. 자식이 짜증을 내도 여전히 '니 밥은 묵고 다니냐?'를 아침저녁으로 물어보는 존재다. 오늘도 작은 입을 짝짝 벌릴 때마다 '아유 잘 먹네'를 연발하며 제 새끼를 먹이고, 몸을 꺼떡거리며 주는 걸 받아먹고 있는 어린 것 속에 제 어미가 있다.

― 서울詩壇 2023.12월

영혼의 우물

 잔뜩 흐리다. 언덕 위로 부는 소소리 바람 끝에도 봄이 들어있다. 사대문의 서쪽 돈의문에서 출발해 인왕산 끝자락에서 '윤동주 시인의 언덕'을 만났다. 시인이 연희전문학교 재학시절 이곳에 올라 시정詩情을 다듬곤 했던 곳이다.
 〈별 헤는 밤〉〈자화상〉 그리고 〈또 다른 고향〉 등 지금까지도 사랑받는 그의 대표작들이 바로 이 시기에 씌어졌다. 언덕에 올라 고향과 어머니를 그리워하기도 우물 안을 들여다보며 깊은 사색에 잠겨 자신을 쓸쓸한 사나이로 여기며 거닐었을 그를 만난다.
 언덕을 내려오는 길에 만나는 카페는 아랫길 건너 창의문과 백악산 풍경을 바라보며 사색하기엔 그만이다. 다시 문학관으로 내려오는 중간에 리모델링할 때 구사일생으로 살아남은 아름드리 팥배나무다. 문학관을 가만히 안고 있는 듯하다. 문학관은 아담하고 전체가 하얀 외벽으로 되어 있어 곧은 성품의 그를 보는 듯했고, '윤동주 시인의 언덕 오르는 길'이란 흘림체의 글씨는 부드럽고 섬세하나 고뇌에 찼던 그를 닮았지 싶다.
 이곳에 문학관이 들어서게 된 인연은 도시재생에 관심이 많았던 당시 건축가인 종로구청장(김영종)과 통인동 '이상의 집'을 리모델링한 이소진 소장의 만남이 그 시작이었다. 시인이 사색하며 시정을 다듬던 곳이었음에 착안하여, 과거에서 새로운 것을 창조해 내려는 의지로 두 사람은 청운수도가압장을 스토리텔링이 있는 윤동주문학관으로 거듭나게 했다.

문학관은 인왕산 자락에 버려져 있던 수도가압장과 물탱크를 개조해 만들었다. 옹벽 뒤에 있던 두 개의 물탱크, 한 개는 지붕을 걷어내어 中庭중정으로 삼고 다른 한 개는 빛 한줄기만 들어오는 원형 그대로 공간을 사용했다. 지붕을 걷어낸 물탱크는 '열린 우물'로, 그대로 둔 물탱크는 '닫힌 우물'로 했다. 그리고 또 하나의 우물은 그의 생가터에서 가져온 목판의 나무 우물이다. 이렇게 문학관 안 세 개의 우물은 늘 자신의 내면을 들여다보며 성찰했던 그를 잘 표현해 주고 있다.

제1 전시실 시인채, 그의 생애에 따라 배치된 사진과 친필 원고 영인본과 윤동주 자신의 이름은 지워지고 창씨(平沼東柱 히라누마 도슈)한 이름이 새겨진 학적부와 함께 전시된 시 〈참회록〉이 행간에서 하지 못한 이야기를 풀어내고 있다. 전시장 중앙에 고향 생가터에서 가져온 우물 목판에 〈자화상〉이 전시되어있다. 그리고 자신이 애독하던 서적의 한 귀퉁이에 자기 이름과 책을 입수한 날짜까지 적어 두었다. 나 역시 그러하기에 무언가 서로 비밀 하나 나눈듯했다.

제2 전시실 열린 우물, 물탱크에 고여 있던 물의 흔적이 벽에 남아 시간의 퇴적층을 그대로 보여주고 있다. 그의 마음의 흔적일까. 중정으로 하늘을 열어놓아 낮에는 햇볕이 밤에는 별빛이 와락 쏟아질 것 같아 하늘 바람 별 그리고 시가 함께하는 공간이다. 가끔은 바람이 손님처럼 찾아들기도 하리라.

제3 전시실 닫힌 우물, 시인이 옥사한 후쿠오카형무소를 연출해 내며 어두운 곳에 한 줄기 빛이 들어오고 있어 암울한 그 상황에서도 희망을 놓치지 않았을 그를 그려 본다.

영어圖圖의 몸으로 외로움과 고독을 수많은 시로 엮어 가슴에 담아 두었으리라. 키 작은 나무의자에 앉아서 그의 영상을 본다. 일본 유학을 위해 창씨 하기 며칠 전〈참회록〉에서 그는 자신이 욕되어 '슬픈 사람의 뒷모양만이 거울 속에 나타난다'고 자신을 정죄했다. 일본 유학 중 향수병을 앓을 만큼 조국과 고향을 그리워한 그다. '단풍잎 떨어져 나간 자리마다 봄을 마련해 놓고 하늘을 들여다보려면 눈썹에 파란 하늘 물감이 든다'고 읊은 맑은 영혼을 가진 그는 나라 잃은 설움 속에 형무소에서 옥사했다. 그는 가고 없으나 시인이 사랑했던 모든 게 이 공간에 숨 쉬고 있다. 자기를 향한, 조국을 향한 고뇌에 찬 그의 영혼이 전해져와 차마 자리를 뜰 수가 없다.

시〈자화상〉에서는 자신의 깊은 내면을 우물에 비유하며 미워도 가엽기도 그리워하기도 했던 시인처럼, 인간은 누구에게나 남에게 보이고 싶지 않은 우물 하나쯤 있지 않을까. 나 역시 젊은 날엔 그러한 우물을 들여다볼 엄두조차 내지 못했다. 세월이 흐르면서 들여 다 볼 수 있는 시간이 많아지고, 그런 시간을 가지면 가질수록 투명해지고 엷어졌다.

맑은 영혼을 가진 그는 나라 잃은 설움을 안은 채 옥사했다. 가압장은 느려지는 물살에 압력을 가해 다시 힘차게 흐르도록 도와주는 곳이다. 우리 또한 이 편저편이 아닌, 서로의 상처를 보듬으며 내일을 향한 힘찬 발걸음을 내딛는 것이 이 시대를 사는 우리가 해야 할 가압장 역할이지 싶다.

　세상에 타협하면서 비겁해지는 영혼에 윤동주의 시는 아름다운 도전을 하게 한다. 영혼의 물길을 정비해 새롭게 흐르도록 만든다. 윤동주문학관은 우리 영혼의 가압장이다. 문학관을 뒤로하고 청운동 언덕길을 천천히 내려오며 내 글쓰기에서 '닫아야 할 건 무엇이고, 열어야 할 것은 무얼까'도 반문해 본다.

-《한국수필》 2022. 3월호

장독대를 닦으며

　장독대가 먼지로 뽀얗다. 겨우내 앉은 먼지로 장독 뚜껑마다 얼룩얼룩하니 몰골이 사납다. 어머님이 계셨으면 턱도 없는 이야기다.
　의정부 들어올 때마다 거슬려서 마음은 갔으나 애써 못 본 척 지나쳤다. 오늘은 열 일 제치고 어머님 입으시던 몸빼바지 갈아입고 옷소매를 걷어붙였다. 무언가 일 칠 채비를 하고 나오자 그이의 눈이 둥그렇다. 회심의 미소를 지으며 물을 받고 수세미를 쥐고 장독대로 가자 그제사 눈치를 챘다. "조금 있으면 송홧가루 날리는데 지나고 그때 닦지" 한다.
　시어머님은 봄이 오면 가장 먼저 하는 일이 장독대 닦는 일이었다. 2월 초순이나 중순 손 없는 날(음력 날짜 끝자리가 9 또는 0인 날)이라고 해서 장을 담기 전 의식처럼 장독을 닦으셨다. 그 집 안주인 살림은 장독대를 보면 안다고 하셨던 어머님 말씀이 환영처럼 들리는 것도 같다.
　장독대에 올라서니 집안 역사가 보인다. 올망졸망한 항아리 중 몇 개는 내가 자취할 때 친정어머니가 장 항아리 고추장 항아리로 상주에서 서울로 나르셨던 손때 묶은 어머니 흔적이다. 첫 새벽에 오셔서 첫 새벽에 내려가셨던 어머니. 그 걸음마다 당신의 수고와 땀으로 내가 지금 있는 것이지. 그랬던 항아리가 김치냉장고에 밀려서 의정부 장독대에 올라앉아 있다. 친정어머니 만지듯 뽀얗게 닦아본다.

소금 열 말은 거뜬히 들어가는 배불뚝이 항아리다. 장독대에서 그 위상을 자랑하며 중심을 잡고 있다. 원래 어머님 것이 아니다. 합천 덕곡골 시할머니가 돌아가시자 어머님이 실어오셨다. 그 독을 실어오셔서 배불뚝이 항아리를 매만지며 고달팠던 시집살이를 물레처럼 풀어내셨던 어머님의 흔적이다. 그때마다 애먼 시아버님만 죽을 죄인이 되시곤 했다. 항아리는 여름이면 실금이 간 사이로 하얀 염분이 새어 나왔다. 오랜 세월 두 분이 살면서 흘린 땀처럼.

와글와글했던 장독대는 몇 년 전부터 한가해 졌다. 매년 장 담글 때면 새벽부터 시작해 저녁나절이 되어서야 장 담그는 일을 끝낼 수 있었다. 그런 날은 하루종일 사람들로 북적였다. 이제는 장도 몇 년째 담그지 않고 있다.

식생활의 변화로 아이들이 집된장, 간장보다 사서 먹은 심심하고 달짝지근한 맛을 좋아한다. 그래 아이들 올 때는 집된장은 쿰쿰하고 짜다고 해서 시중에 파는 된장과 섞어서 끓이기도 한다. 그럴 때면 괜히 서글퍼지는 마음은 뭔지 모르겠다. 된장도 냄새나지 않고 재래식처럼 담그는 법이 있다고는 하나 선뜻 내키지 않는 마음은 또 무엇이고. 법고창신法古創新 이라지만 내 아집인가도 싶다.

장독대도 점점 헐렁해지고 있다. 몇 년 사이 오래되어 삭아서 서너 개나 버려졌고 지금 있는 항아리도 반 이상 비어 있다. 오래된 항아리는 조금만 부딪혀도 힘없이 깨진다. 노쇠한 사람 같다고나 할까. 어른들이 기름이 다 빠져서 그렇다고 하시듯이 그렇게 또 한 세대는 가는 것일까. 아직 힘이 있을 때 항아리도 처리해야 하나 하는 마음에 오늘따라 생각이 복잡해 진다.

   닦은 독들은 명멸하는 빛을 반사하며 장독대는 말갛다. 사람 손이 닿는 곳마다 말 게 진다. 장독대도 정원도 집안의 구석구석도, 쓸고 닦고 물을 뿌리면서 내 마음도 정화되는 듯하다. 이 맛에 어머님도 그토록 열심히 장독대를 닦으셨나.

- 2025. 2월

빈집 2

 들녘엔 겨울이 바스락거리며 오고 있다. 서리태를 마지막으로 타작하고 11월 하순 한 해의 마무리 김장 날이다. 삼 대가 모여 김치를 해 넣고 집으로 돌아오는 길 누렁이 메리는 여러 번 불러도 내 다도 안 본다.
 보름 전 구순이 다 되신 시어머님이 갑자기 뇌졸중으로 쓰러지셨다. 당신의 의지로 재활을 잘하면 다른 것에 의지하여 걸을 수도 있다는 의사 말에 우리도 어머님도 희망을 걸고 있다. 장기간 빈집에 혼자 있을 시브로자브종 메리가 문제다. 의정부 근처에 사는 고모네와 우리가 이틀에 한 번씩 번갈아 가기로 했다. 시댁은 산 밑이라 서울보다는 온도가 3~5c 낮고, 의정부 시내보다도 1~2c 낮아서 한겨울 아침에 물을 주고 오후에 보면 이미 꽁꽁 얼어 있을 때가 태반이다. 이 혹독한 추위를 녀석이 잘 견디어야 할 텐데 달리 방법을 찾지 못하고 있다.
 어머님 병원에 들어가시고 이틀 만에 갔더니, 다리목에 들어서면 반가워서 맹렬하게 짖는 녀석이 개집에서 겨우 나온다. 그리곤 꼬리만 슬렁슬렁 몇 번 흔들고 '당신들 누구요' 하듯 멍하니 서 있는 녀석. 가서 머리를 쓰다듬고 안아주며 한참을 말을 붙이고 난 다음에야 조금씩 짖기도 하고 움직였다.

녀석은 남편이 평상복일 때는 매달리지도 짖지도 않는데 작업복만 입고 나오면 정신을 못 차린다. 운동 갈 것이란 걸 아는 게다. 너무 흥분할 때는 옆에 있는 게 겁이 날 정도다. 그런데 오늘 남편이 운동시킬 복장으로 나와도 반응도 의욕도 없어 보인다. 그리 좋아하는 간식도 안중에 없어 '앉아 기다려'도 무색하다.

아픈가? 며칠 혼자 둔 탓일까? 별생각이 다 든다. 겨울 오기 전 마지막 가을걷이를 위해 남편과 의정부 집에서 며칠을 지냈다. 콩 타작과 김장 때문에 사람들이 북적거리고 이 사람 저 사람 운동도 시키며 이틀을 풀어 줬다. 그동안 녀석 혼자 있던 날도 많았고 하여 미안한 마음이 더해서다. 다행히 앞 밭으로 산으로 한참을 뛰어다닌 녀석은 예전처럼 활발해졌다.

추수한 걸 갈무리하고 집으로 오기 전 잊어버릴까 싶어 녀석의 사료를 밥통에 수북이 부어 줬다. 고봉밥을 준 후부터, 녀석은 어쩐 일인지 우리가 개집 앞을 왔다 갔다 해도 꿈쩍 않는다. 집을 들여다보니 조는 듯 자는 듯 눈을 감고 있다. 며칠 있는 동안 여러 가지를 먹어 탈이 났나 하지만 자기 양만 먹으면 마구잡이로 먹지 않는 녀석인데 왜 저럴까. 아픈 건 아닌 것 같은데.

어머님이 병원 가신 후론 우리가 집을 나서도 몇 번을 부른 다음에야 마지못해 어슬렁어슬렁 나와서 꼬리만 두어 번 흔들고 제집으로 다시 들어간다. 개집 안에 있다가도 우리가 갈 때면 나와서 '또 언제 올 꺼유'라며 짖고 꼬리를 흔드는데 그냥 들어가 버린다. 집으로 오는 내내 녀석이 눈에 밟힌다. 그제사 의식하고 있지 않던 기억이 나를 사로잡았다.

어머니는 한남동 고모 집에 양녀로 나를 맡겼다. 삼일 밤만 자고 오겠다 하시고 간 어머니는 중학교 일 학년 말에 나를 데리러 오셨다. 고모부의 사업이 번창해서 온 식구가 미국으로 가면서 나도 데리고 가겠다 통보한 것이다. 어머닌 한 나라 안에서는 떨어져 살 수 있으나 거기까지는 보낼 수 없다 하여 오신 게다. 어머니를 만난 순간 반갑고도 서러운 마음에 방문을 걸어 잠그고 오래도록 나오지 않고 울었던 기억이다.

녀석도 그런 감정이었을까. 오랜만에 우리를 만나도 짖지 않고 반응이 없던 메리. 그리고 며칠 먹을 사료를 넣어 준 그때부터 제집에 들어가 나오지 않는 녀석. 그랬다. 우리가 며칠 동안 오지 않을 걸 아는 게다. 삼일 밤만 자고 데리러 오시겠다고 했으나 오시지 않을 걸 알기에 엄마 치마꼬리 잡고 놓아주지 않았던 내 어릴 적, 해가 뉘엿뉘엿 넘어가던 그날처럼.

어찌 짐승이라 할 수 있으랴. 시어머님이 119에 실려 가실 때, 메리가 얼마나 울부짖으며 짖던지 어머님 아픈 것보다 더 무서웠다는 아랫동서 말이 생각났다. 집이 빌 때는 어찌해야 할지 고민을 해봐야겠다. 어머님이 회복하셔서 빈집에 혼자 있는 메리와 빨리 만날 수 있기를 기도하며 녀석의 기다림이 우리의 기다림인 것을.

방에 들어오지 오지 못한 햇살이 마루 끝을 태운다/집이 비었으니 마당 끝에 머문 길이 끝없이 슬프구나/쓰러진 장독 사이에 애기똥풀꽃이 핀다

— 김용택 시인의 「빈집」 중 일부 —

— 2022. 11월

낯선 세상 속으로*

 도착한 곳은 아직 어둠에 잠겨있다. 새벽 4시 완도에 예상보다 한 시간 빨리 왔다. 서울에서 무박 2일 청산도 트레킹trekking 날이다.

 아침은 다섯 시 반 미역국으로 예약해 놓았다며 미안해하시는 우리의 대장 정명훈 감독님. 아침 김밥을 준비하지 못했다고. 무슨 그런 말씀을요, 밤새 차를 달려왔는데 이 새벽에 김밥이라니요. 우리를 생각해서 아침을 따뜻한 미역국으로 예약해 주신 것만으로도 감사할 뿐입니다.

 우리 트레킹 모임 이름은 '낯선 세상 속으로'다. 매달 찾아가는 새로운 장소와 그곳에서 만나는 새로운 경험을 상징한다. 이 모임은 단순한 트레킹 그 이상의 의미를 담고 있다. 정감독님과의 인연은 십수 년 전 감독님 퇴직 무렵이다. KBS를 시작으로 공영방송국 여러 곳을 거쳐서 퇴직하고 지금은 프리랜스로 일하신다. 현역으로 있을 때 우리나라 K드라마 '대장금'을 만든 분이기도 하다. 그 후, '추노'와 '미스터 션샤인' 등 대작들이 많다. 지금은 주로 유명 아이돌 영상작업을 한다.

 촬영감독으로 이곳저곳을 다니시며, 일반에게 알려지지 않은 비경祕境을 당신 혼자만 알고 있는 게 안타까워서 시작한 게 '낯선 세상 속으로' 트레킹이다.

지금도 당신이 알고 있는 곳을 다 알려주지 못할까 봐서 전전긍긍하신다. 당신의 특별한 시각은 알지 못했던 자연의 아름다움으로 우리를 안내한다. 당신이 가리키는 곳으로 향하면 항상 특별한 풍경이 숨어 있다.

감독님의 코칭에는 단순한 기술 이상이 있다. 자연을 바라보는 눈만이 아니라 삶의 태도 같은 것들이다. 그리하여 내게 세상을 바라보는 새로운 방법을 가르쳐 준다. 식지 않는 열정을 내가 다 받지 못함이 늘 송구스럽다. 받는 나보다 주는 열정이 더하여 늘 당신을 따라가지 못한다.

오륙 년 전까지만 해도 처음과 끝을 우리와 함께하였는데 다리 관절에 무리가 와서 이제는 도착할 그곳에서 우리를 기다린다. 그 무렵부터이지 싶다. 우리를 위해 사모님이 김밥을 준비해 주신 게. 이런 일이 있을 수 있는가 싶다. 우리가 대접해 드려도 모자라는데 첫새벽에 일어나 싸신 김밥을 아침 7시 받아들면 아직도 따뜻하게 사랑의 온기가 남아있다. 사모님의 수채화 그림에서의 정적이며 부드럽고 따스한 기운처럼. 김밥은 사모님의 애정이 담긴 나에게 주시는 선물 같은 밥상이다.

무슨 말끝에 이른 아침에 어떻게 이 많은 김밥을 싸시느냐 여쭸더니 젊은 시절 촬영을 나갈 때면 모든 스태프들 김밥을 쌌다고. 부창부수夫唱婦隨라. 사모님과의 연애담도 농담인지 진담인지 알 수 없을 만큼 깔끔하고 단순하게 말씀하는 분이다. 연예인들과 작업을 늘 하시는 분이라 특정 연예인에 대해 물으면 농담처럼 진담처럼 톡 던지면 그만이다.

구 척 장신에 꼿꼿했던 허리도 어느새 구부정해지셨다. 그럴 때면 가슴 아리고 먹먹하다. 우린 아직 떠날 채비도 하지 않았는데 트레킹에서 돌아오는 길, 버스에서 다음 행선질 정하는 분. 최소한의 경비에 어쩌다 여행 중 그 지방 특산물이 있어 몰래 사드려도 민망할 정도로 만인에게 공표하셔서 다시는 사드릴 수 없게 한다. 이것도 아첨이나 뇌물이라 해야 할까 싶기도 하다. 이런 청렴(?)함이 촬영기술은 물론이고 일흔 중반의 나이에도 방송국에서 부르는 이유이며 프리랜스로 살 수 있는 이유랄 수도 있지 않을까 싶다.

  보지 못했던 낯선 세상을 만날 때마다 상처는 풍경이 되고 그곳에서 희망의 근육을 건져 올리며 영혼을 씻는 의식이라 해도 무방하리라. 여기에 더하여 낯선 세상에 함께 하는 이들과 조금씩 알아감도 좋고, 누군가 헌신해서 만든 7시 김밥과 밤새 구운 계란은 따뜻한 한 끼 밥상이다. 이뿐이랴, 끝까지 우리의 안전을 매의 눈으로 살피시는 누구의 보살핌이며 낯선 세상의 추억을 영상으로 남겨주는 멋진 이도 있다.

  감독님은 아무리 재능기부라지만 당신은 가슴에 무엇을 묻어 두어 바람의 냄새를 쫓아다니실까. 그게 아니라면 앵글에 맞춰지는 일생에 남을 한편의 작품을 만나기 위해 설까. 당신은 무엇을 찾아 헤매며 바람처럼 떠나는지 묻고 싶을 때가 있다. 남을 위해 재능 기부한다는 것이 쉽지 않을 터, 바람 따라 사는 남편을 위해 트레킹 때마다 첫새벽 3~4시에 일어나서 김밥을 마는 우렁각시 사모님은 또 어떤 분일까도 궁금하다.

  자연은 같은 장소여도 아침과 저녁 그리고 사계절이 다르듯 같은 곳을 여러 번 가도 갈 때마다 낯설다. 그래서 떠난다. 그곳에서 영혼이 맑아지고 자연은 사람을 사랑하게 만든다. 낯선 세상은 나의 영혼을 헹구는 행위며 함께하는 이들과 그리움을 만들어 내는 추억의 장소요 내 삶을 풍요롭게 해주는 세상이다. 그래서 오늘도 낯선 세상 속에 있다.

- 2025.5월 청산도에서 돌아오는 길에

* 낯선 세상 속으로는 정명훈 감독이 만든 트레킹 여행자 모임 이름이다

행복 곳간

　발코니에서 꿈을 꾸고 있는 검정 봉지들. 자신의 변신을 기다리며 가지런히 안주인을 기다리고 있다. 부지런하고 성실한 그이 덕분에 밭에서 바로 공수된 싱싱한 식재로 곳간을 채울 생각에 벌써 부자가 된 기분이다. 그 누구의 수고는 또 다른 사람의 행복이란 말에 동의한다.
　부엌에서 식재료를 다듬어 씻고 절이고 무치는 등 여러 과정을 거치면 새로운 먹거리로 변신을 한다. 안주인의 부엌은 집안 공기를 유쾌하게 만들어 가라앉은 집 안 구석구석을 깨운다. 부엌에서 나는 물소리 도마소리 고소한 냄새와 그릇 부딪히는 소리는 아이들 기분을 들뜨게 해서 부엌을 들며 날며 기웃거리게도 한다.
　어린 날 초등학교 저학년 학교에서 돌아오는 길은 늘 배에서 꼬르륵 소리가 났다. 학교 끝나고 집으로 오는 5리가 넘는 길은 허기진 배로 인해서 훨씬 멀세 느껴졌다. 그날도 여느 때처럼 학교에서 돌아와 가마솥 뚜껑을 힘껏 열었다. 까만 솥 안은 '텅' 비어 있었다. 늘 학교 갔다 오면 먹을 수 있게 아이들 수대로 죽 한 그릇씩이라도 넣어두고 가셨는데…. 눈물이 왈칵 쏟아졌다. 그 기억이 각인 돼 있어서인지 집을 비울 때는 먹거리로 곳간을 채워 둔다.

부엌에 들어가는 일은 행복하다. 만들 수 있는 재료가 있음에 감사하고, 만든 것을 맛있게 먹어 줄 수 있는 가족이 있음에 감사하다. 아이들이 어릴 때 음식 만들기에 동참하게 했다. 아이들이 쳐져 있을 때 하는 나만의 방법이다. 아이들은 음식 만드는 동안 공부에 지친 스트레스도 불안했던 마음도 편안하게 된다.

인간의 오감 중 가장 발달한 것은 후각이라 한다. 냄새에는 모든 것이 들어있다. 어릴 적 어머니가 해주던 음식 냄새에 어머니가 생각나 기도하고, 가난할 때 먹었던 그 냄새로 인해 그때를 그리워하기도 한다. 함께 만들어 보고 먹어 본 것으로 아이들은 행복한 경험을 하게 된다.

가끔은 어른이 됐어도 아들딸 누구라도 기분이 가라앉아 있을 때면 의도적으로 그들을 동원한다. 아직 내 곁에 있을 때 부엌에서 더 많은 추억을 만들고 누군가를 위해서 음식을 만드는 일이, 마음을 편안하게 하고, 힘이 솟구쳐 살맛 나는 일인지를 그들이 알았으면 하는 마음에서다.

곳간에서 나는 행복은 어느 곳에서도 얻을 수 없는 절대적인 행복이지 싶다. 이러함에도 요즘은 패스트푸드 음식이 너무 많다. 건강도 문제이나 아이들 정서적인 면도 메말라가고 있지 않나 싶다. 우리 아이들 초등학교 저학년 때까지도 도시락을 싸줬다. 그때 쪽지 편지 쓰는 재미도 있었고, 아이들 역시 은근히 엄마의 편지를 기다렸던 추억이 있다. 얼굴 마주 보고하면 싫어하는 이야기도 도시락편지로 하면 설득력이 있어 원만하게 해결됐다.

큰아이 초등학교 일 학년 담임선생님과도 도시락으로 맺어진 인연이었다. 큰

아이가 까시락 장난이 심해서 선생님께 벌을 받고 오는 일이 종종 있었다. 아이는 부당함을 호소했으나 어찌할 방법이 없어서 선생님 도시락을 싸서 손편지와 함께 보냈는데, 그것이 인연이 돼 이 세상 떠나실 때까지 만남으로 이어졌었다. 학교급식으로 인해서 엄마들은 편안해 졌으나 아이들 정서는 황폐해지지 않았나 싶기도 하다.

세월 따라 곳간도 많이 변했고 변해 가는 과정이다. 우리 땐 사내아이가 부엌에 들어서면 거시기 떨어진다고 얼씬도 하지 못하게 했다. 지금은 부엌에 들어가기 위해 학원에 가서 요리를 배우고 요리하는 남성이 '요섹남'이라 해서 여성에게 인기 있는 시대가 됐다. 곳간도 안주인에서 바깥주인으로 바뀌고 있는 듯하다.

그곳을 차지하는 이는 그 무엇과도 비교할 수 없는 기쁨과 평화를 맛볼 수 있다. 행복을 제조해 내는 비밀한 곳임을 안다면 양보하지 않을 것이다.

-《현대계간문학》2021. 봄호

지금도 눈이 오네

카페 문을 열자 아직도 눈이 오고 있다. 3월 초순이요 개구리가 나온다는 경칩이 내일인데.

그날도 딱 이맘때다. 하루종일 눈이 내렸다. 삼월하고도 경칩이 지나고 있을 무렵이다. 외출했다 들어오시는 어머니 몸은 눈으로 뒤덮여 있었다. 그 뒤에 한 아주머니와 다섯 명의 고만고만한 아이들도 눈사람이다. 행색이 예사롭지 않다. 검정치마 흰저고리에 머리엔 큰 보따리를 이고 가슴에는 그보다 작은 보따리를 안은 남루한 차림의 그녀. 뿐이랴, 뒤에 업은 아기는 엉덩이까지 내려와 있다. 아이들도 하나같이 거지 행색이다. 내 나이 초등학교 입학한 해이지 싶다.

때아닌 삼월의 폭설 속에 등장한 그 식구들과의 동거가 시작됐다. 아래채가 마침 비어 있었는데 그곳에서 살기로 했다는 어머니 말씀이다. 어린것들 데리고 눈이 펑펑 쏟아지는 날 구걸을 하고 있어서 불쌍해서 데리고 왔으니 잘해주라고. 어린 나이인 난 우리도 그들과 별반 다르지 않고 집만 우리 것이라는 생각을 했었다.

딸 셋에 아들 둘인지 분명하지 않다. 거의 우리와 비슷했고 첫째가 둘째 언니와 동갑이라는 것만 생각난다. 그들은 밖으로 나오지 않고 안에서만 놀았다. 아침이나 저녁 끼니때면 아주머니가 갓난아기를 업고 그릇 하나를 들고 나갔다. 아래채로 우리는 잘 가지 않았다. 그런데 그날은 말없이 일을 저지르는 내가 왜 그들에게 갔는지 알 수 없으나 밥 먹는 걸 봤다.

　하얀 쌀밥이다. 보기만 해도 침이 넘어가는 이밥. 우리보다 가난한데 우리도 못 먹는 밥쌀을 먹는다는 게 어린 나이에 이해가 가지 않았다. 저녁이 되어 어머니 오기만 기다렸다. 저녁때를 조금 지나 어머니는 오시자마자 정지로 먼저 들어가 저녁 할 준비로 몸도 마음도 바빴다. 어머니를 기다린 나는 어머니 옆에서 불때기를 자처했다.

　아궁이에 불을 붙여주고 나오는 불만 안으로 밀어 넣으라 하셨다. 그러길 한참 어머니가 불 앞으로 와 앉으셨다. 기회였다. "엄마 왜 아래채 아이들은 우리보다 못 사는데 하얀 쌀밥을 먹느냐" 투정을 부렸다. 어머니는 조용하고도 단호하게 "비루 먹인 자식들은 커서 큰 인물이 못 된다. 엄마는 아무리 힘들어도 너희들 그렇게 키우지 않는다" 하셨다. 그날 말씀으로 지금껏 살면서 가끔 눈앞에 이밥이 왔다 갔다 할 때도 비루해지지 않고 살아갈 힘을 얻었지 싶다.

　그 후에도 어머니는 눈사람을 하고 나타난 그 가족뿐 아니라 기회가 닿으면 어려운 사람을 서무셨다. 내가 가지고 있는 약간의 측은지심도 어머니의 영향이지 싶다. 오랜 세월이 지났어도 잘 지워지지 않는 춘삼월의 폭설 속에 나타난 오 갈데없던 한 가족과의 동거.

　언제부터인지 확실하지 않으나 어머니는 일하러 가실 때마다 그 아주머니를 데리고 다녔다. 어머니를 '성님'이라 부르며 우리가 다른 집을 지어 이사할 때도 그 옆으로 이사를 왔다. 모든 일을 어머니와 상의했고 내가 서울로 오면서 그들의 기억이 내게서 멀어져 갔으나 풍문으로 그들의 소식을 간간이 들을 수 있었다.

씩씩거리며 어머니에게 부당함을 말했을 때 결기 있게 그 이유를 말씀하셨던 부엌 아궁이 앞에서의 교훈. 어쩌면 당신 자신에게 한 말씀인지도 모르겠다. 그때 일이 어제 일처럼 생각난 것은 춘삼월 눈발 때문이다. 그날도 지금처럼 눈이 내렸다.

— 2025.3월

고등어자반을 생각하며

 그가 가시를 바른다. 생선이 나오면 가운데 토막은 두고 머리와 배때기 부분을 바르는 건 늘 하는 그의 행동이다.
 "비린 게 나오면 아버님 생각이 나요"
 결혼한 딸 내외 아들과 함께한 식사 자리다. 굵은 소금을 살짝 뿌린 먹음직스러운 갈치구이가 나오자 그의 모습을 보며 내가 던진 한마디다. 내 어릴 적 집에서는 생선 머리와 배 부분이 엄마의 몫이었는데 시댁에선 시아버님 몫이었다. 식탁에서의 그런 광경이 좋아 보였다. 아버지가 자리한 가정의 모습. 어린 시절 아버지의 부재에서 느꼈던 결핍 때문이었을까.
 시댁은 고등어자반이 밥상 위에 오르지 않는 날이 없을 정도다. 아버님 고향 합천 덕곡골은 첩첩산중 경남 합천이다. 그래서인지 자반 종류를 좋아하셨다. 안동고등어가 유명해진 이유는 배에서 갓 잡은 고등어가 상하지 않도록 소금을 쳐 내륙인 안동까지 가는 동안 적당하게 간이 배면서 숙성되었기 때문이란다. 시댁 어르신들도 내륙지방이라 신선한 생선을 드실 수 없음이었는지 약간은 콤콤한 냄새가 날 정도인 생선을 좋아하셨다.
 그 시절엔 경제성을 앞세워야 했으므로 요즘처럼 생선을 통째로 싱겁게 소금을 뿌려서 굽거나 튀기거나 슴슴하게 조려 먹는 일은 거의 못 했다. 내륙 깊숙이에 있는 고향 상주에서도 짜디짠 자반조차 그리 흔하게 먹지 못했다. 추수가 끝나고 타작을 한다든가 이엉으로 지붕을 이을 때나 먹을 수 있는 음식이었다.

물오징어국과 밥을 하고 난 뒤 잉걸불에 구운 고등어자반은 최고의 밥상을 꾸리는데 그만하게 없었다. 불에 뚝뚝 떨어지는 고등어에서 나온 기름 타는 냄새는 아이들과 정신없이 놀다가도 얼른 집으로 돌아오게 하는 묘약 같은 것이었다.

친정아버지가 돌아가심으로 가장일 수밖에 없던 어머니는 늘 힘겨워 보였는데 시아버님이 계신 시댁은 뿌리가 흔들리지 않는 나무 같았다. 그런 아버님을 보며 '아버지의 그늘이 이런 것이구나'라는 부러움과 남편에게서 느끼는 것과는 또 다른 든든한 어른이 있다는 사실이 내 자존감에 보태어졌다.

어느 날 상차림에서 어머님은 말씀하셨다.

"머리는 바짝 구워서 아버님 상에 놔드려라. 너희 아버지는 그걸 더 좋아하신다"는 어머님의 말씀이 진실인지 확인되지 않았으나 손주들에게도 살을 발라주시는 일은 계속됐다. 그리고 두 아이가 태어나자 밥상머리에서 남편의 모습으로 이어졌다.

"당신은 그쪽이 맛있어요?"

"어릴 때 아버지가 가시를 발라 주시면 가시만 많고 살은 별로 없는 머리와 배 쪽을 먹지 못하는데 나는 어떻게 결혼하지?" 걱정하며 먹었다고 웃던 그다. 잔가시가 많아서 먹을 수 없는 곳 나는 절대로 먹을 수 없는 내장 쪽을 친정어머니도 드셨다. 시아버님처럼 아버지가 된 그를 본다. 당연히 가장이 되면 해야만 하는 일인 듯 먼저 등 쪽 살은 아들에게 다음은 딸 그리고 나의 순이다. 아버님이 그랬던 것처럼 또 그렇게.

 가끔 더러 이런 사랑도 우리 대에서 끝나는 게 아닌가 하는 생각이 들 때도 있다. 마트에 가면 생선 머리와 내장이며 가시까지 발라 바로 요리할 수 있도록 압축팩에 딱 담아서 판다. 이런 간편 문화가 생선에만 국한되겠느냐만 사랑에도 은근한 과정이 있어야 하는데 모든 걸 생략한 사랑이 사람과의 관계를 무미건조하게 만드는 거 아닐까도 싶다. 아이들은 생선을 발라서 주는 시간을 기다리며 인내를, 잘 바른 생선을 주고받으며 느끼는 피붙이 사랑의 과정들 말이다.

 시아버님이 가시를 골라내고 한쪽으로 생선을 밀어주시던 무언의 사랑을 아는 나이도 훨씬 지났다. 생선은 배때기와 머리, 고기는 기름기가 섞인 곳과 힘줄, 오징어는 다리와 귀때기가 맛있다는 걸 알게 되면서 어른이 되어가는 것인가. 시아버님도 남편도 머리 부분과 생선의 내장 근처 말캉말캉한 부분이 맛이 있어서 먹는지 나는 아직도 모른다.

 오늘같이 남편은 어른이 된 아이들에게도 가시를 발라주듯이 손주가 태어나면 그들에게도 할 것이란 걸 안다. 고등어 한 마리도 대를 잇는 것 같은 아이러니 속에 내리사랑이 숨어 있음을.

―《수필시대》 2023. 겨울호

제6부

서울 한양도성 성곽길에서

가을 저물녘 동대문성곽공원 끝머리 빈 벤치에 앉았다. 빛바랜 흥인지문 사진 속 아이가 반쯤 허물어진 성벽 위에서 자신이 개선장군이나 된 양 으쓱거리는 모습을 기우는 햇살에 얹었다.

낙산, 동쪽 끝자락에 대한민국 경제가 숨 쉬고
– 한양도성 성곽길 흥인지문興仁之門 구간

가을이 잰걸음으로 오고 있다. 문화의 거리 대학로 평일 오전은 한산했다.

작년엔 혜화문으로 해서 낙산성곽을 돌았으나 오늘은 혜화동 동성고등학교 앞에서 출발이다. 학교 옆 갤러리를 막 지나자 처음 보는 듯한 '4.19의 햇불 바로 여기에서'와 그 곁 열 발자국쯤 떨어진 곳에 '대한조선주권수호일념비'가 있다. 얼마나 이곳을 지나쳤던가. 두 개의 비를 건성으로 본 게다. 잠시 멈춰서 묵념을 하고 비문을 자세히 봤다. 대학생들에게 특별지원병이라는 터무니없는 허울을 씌워 일군에 강제로 입대시켜서 무참하게 희생된 2700명(생. 사불명)의 이름이 적힌 비였다.

이제는 어딜 가든 비가 세워진 곳엔 그냥 지나치지 않으리라며, 고색창연한 혜화동성당과 장면가옥을 지나 삼선교로 넘어가는 고개 말랭이에 섰다. 뚝 끊어진 건너편 성벽 혜화문 문루를 바라봤다. 8차선 대로변에 잘린 채 높은 문루를 성벽이 받치고 있다. 올려다본 성곽은 혜화문 성루에서 내려다본 느낌과는 사뭇 다르다. 한쪽 날개를 잃은 혜화문은 잘려나간 성벽의 견고함이 그대로 드러나 위압적이기까지 하다.

낙산이 8차선 대로로 뭉텅 잘려나간 것이다. 이렇게 없어진 성벽이 이곳 뿐이랴만은 수없이 이 고개를 넘나들며 '서울 복판에 웬 성곽?'이란 의구심만 가지고 있었지, 현장을 찾아보려는 노력도 하지 않았다. 몇 년 전 서울에서 산 지가 반백 년인데 아직 서울의 지형도 정확하게 모른다는 게 부끄러워 시작해서 2년에 거쳐 사대문 성곽을 완주했다.

낙산 성벽으로 올라가는 입구에 한양도성성곽길 안내판이 친절하게 있다. 낙타의 등을 닮았다 하여 낙산이라 이름 붙였고, 대학로에서도 올라갈 수 있는 아름다운 길이며, 낙산은 서울의 전망을 가장 가까이서 볼 수 있는 성곽 중 하나다. 경복궁을 중심으로 서울의 좌청룡에 해당하는 산으로 내사산內四山중 가장 낮다. 혜화문에서 흥인지문까지 2.3km(1시 10분) 흥인지문에서 광희문까지 880m(20분)로 한 시간 삼십 분이다.

지난번 왔을 땐 흥인지문에서 혜화문까지 외성外城으로 걸었다. 호젓한 성벽길을 태조 세종 숙종 순조에 이르는 축조 시기별로 다른 모양의 성돌을 보았었다. 오늘은 혜화문에서 장수마을까지는 외성으로, 나머지는 내성內城으로 볼 계획이다. 지금까지 돌았던 인왕 북악과 달리 낙산은 상대적으로 낮아서 외성과 내성의 속살을 다 볼 수 있고 옆의 민가들과 붙어 있어 옛 성곽이 아니라 현재와 밀접하게 공존하고 있는 성곽이다.

계단을 올라 성벽에 서니 잘려나간 성벽 끝은 가시덤불로 뒤덮여 길이 잘 보이질 않는다. 흉한 모습이니 자연도 보이고 싶지 않은 것인가. 끊어진 성벽을 마음에 얹으며 걷고 있는데, 저만치 오솔길 한가운데 길고양이가 떡하니 앉아 있다. '여긴 내 영역이니 당신이 피해 가시오'라는 듯, 기동도 하지 않더니 손에 닿을 듯 하자 어슬렁어슬렁 길옆 갈대숲으로 들어간다. 녀석도 성벽처럼 세월의 긴 시간 속에 녹아든 것일까.

 오른쪽 성벽을 끼고 오르자 삼선동 369마을이다. 이 마을은 삼선 재개발 6구역으로 첫소리를 따서 369성곽마을이라 이름하고 있다. 마을의 정체성과 문화를 바탕으로 주민이 화합하여 행복하게 살자는 뜻으로 삼육구三育丘라 하였단다. 오르막 성곽길에 쉴만한 곳이 없을까 할 때 '369 성곽 마실 cafe'가 기다리고 있었다는 듯 맞아준다. 잠시 숨도 고를 겸 예가체프 앞에 놓고 성 아래 동네와 건너편 인왕과 북안산 풍경에 풍경을 건너가며, 안개가 낀 날은 아니지만 겸재 정선의 '인왕재색도'를 그려봤다.

 근대기 서울로 서울로 사람이 몰리고 일제와 6. 25동란을 겪으면서, 산등선에 우후죽순으로 들쑥날쑥 들어선 집들을 내려다보며 경제부흥을 일궈낸 만큼 우리의 의식과 가치관도 높아졌는지도 반문해 보았다.

 외성, 성문 밖을 걷다가 장수마을을 만났다. 마을 입구 성벽 가장자리에 가을 들꽃이 바람에 일렁이며 나를 맞는다. 낙산 가장 높은 곳을 오르기 전에 만나는 장수마을. 동네 속에 있는 삼군부三軍府 총무당總武堂(조선 말기 군사업무를 담당하던 기관)을 가기 위해 마을 정자에 나와 계신 어르신께 여쭤보니 조금만 가서 나무계단을 내려가면 된다신다. 늦은 가을 해는 조금씩 빛을 잃고 도성 밖 마을은 고요했다. 찾아간 삼군부 총무당 바로 앞이 놀이터로 높은 가을 햇살 속에서 아이들의 높은 옥타브 목소리가 허공을 가르며 경쾌하게 하늘을 구르고 있다. 햇볕 속에 노는 아이들을 본 게 얼마 만인가.

총무당 뒤뜰은 잔디와 소나무가 어우러져 등걸이 휜 한국의 소나무로 뿜어내는 기운을 어찌 설명할 수 있으리. 작은 뜰이지만 소나무로 해서 작지 않았고, 자연과 하나 된 정원 잔디를 밟으며 그때의 사람들을 생각했다. 삼군부 총무당은 잘 보존되어 한층 높아진 문화 의식을 실감하고 이러한 문화재 관리를 잘하고 있는 나라에 자긍심을 느꼈다. 그러는 사이 바로 옆길은 지름길로 많은 이들이 오간다. 그들은 이 옆을 지나며 총무당 앞에 세워진 안내문을 한 번쯤이라도 읽고 갈까.

해가 저물고 있어 서둘러 마을을 빠져나오려는데 길을 알려줬던 어르신을 다시 만났다. 마침 가방에 달달한 쿠키가 있는 게 생각나 드렸더니 손사래를 치셨으나, 다시 드리니 받으시고 장수마을에 관해서 이야기를 꺼내셨다. 우리가 생각하는 장수長壽가 아니었다. 6. 25동란이 나고 피난민들이 이곳에 모여들기 시작했단다.

성벽 주위라 주인 없는 땅이요, 동대문시장의 인력시장이 사람을 필요로 하는 시장원리에 한몫했다. 먹고 살기가 힘든 시절, 젊은 사람들은 일하러 나가고 연로한 어르신들이 동네를 지키고 있어서 붙여진 이름이란다. 달동네로 재개발의 물살을 타고 개발지역으로 선정되었으나, 우리의 근대기 삶이 속에 묻어 있는 동네로, 그대로 살리는 게 낫겠다는 주민들의 의사에 따라 지금까지 오게 되었단다.

낙산구간 중 가장 높은 언덕을 올라오다 뒤돌아서서 건너편 북악산과 마을들을 내려다봤다. 처음 낙산구간 돌 그때는 겨울의 초입이었고, 오늘은 가을도 깊어 겨울로 가는 길목에 볕도 바람도 밝고 가볍다. 구름 한 점 없는 낙산 성벽에서 바라다본 북악산을 중심으로 오른쪽에 인왕산, 북악산 뒤쪽으로 북한산이, 왼쪽으로 떨어져 도봉산이 그림처럼 있다.

첫 암문이 있어 밖으로는 장수마을이요 안으로는 이화마을과 낙산공원이다. 대학로가 있는 서울의 몽마르뜨언덕이라는 낙산공원은 낙산 전체를 공원으로 만들었다. 성벽 내성에서 내려다본 마을과 건너편 산들은 아스라이 손을 뻗치며 닿을 듯, 성벽 아래에서 본 느낌과는 다르다. 성벽 맨 윗단에 뚫어 놓은 작은 구멍 근총안近銃眼으로 마을을 내려다보는 재미도, 하늘을 올려다보는 재미도 누리며 어릴 적 개구쟁이 시절처럼 눈에 보이는 나만의 세계를 상상할 수 있는 호사도 누렸다.

천천히 낙산을 누리며 밑으로 내려오는데 성벽 곁에 한 평 남짓 되는 작은 밭을 만났다. 이름하여 '홍덕이밭'이란다. 병자호란 때 인조가 삼전도에서 항복하면서 봉림대군이 볼모로 청나라 갈 때 대군 시중을 들기 위해 궁인 홍덕이라는 여인이 따라갔다. 그녀는 청나라 심양에서 직접 가꾼 채소로 김치를 담아 대군의 밥상에 올렸다. 어찌 단순한 김치이었겠는가. 한 나라의 왕자로 잡혀 와 있는 그에게 고국산천의 내음들이 오롯이 들어 있었으리라.

대군은 청나라에서 돌아와 홍덕이의 김치 맛을 잊을 수 없어 낙산 중턱 밭을 그녀에게 주어 김치를 담아서 바치도록 했다. 그녀의 손맛만이 좋아서 그리했겠는가. 그때 그 시절의 서러움을 잊지 않고 다시는 그런 일이 없도록 하겠다는 의지를 위함이 아니었을까.

내성으로 내려오다 보면 낙산공원 두 번째 암문을 만난다. 이화마을(벽화마을)에서 외성으로 빠져나가는 문이다. 벽화마을 동네 안, 밑으로 내려가면 대학로로 마을은 남녀노소 누구나 즐길 수 있는 인프라가 형성되어 있다. 그래서일까 삼삼오오 가족나들이와 모녀가 함께 온 이들이 많다. 이곳 역시 재개발이 아닌 상생의 장으로, 근대문화를 잘 보여주는 우리가 보존해야 하는 문화적 역사적 가치가 있는 마을로, 재개발하지 않고 주민과 관광객이 서로 어우러져 마을을 살리고 있다.

이화마을에서 성 밖 암문으로 나오면 창신동 '이음피음 봉제역사관'이 있는 봉제마을이다. 우리나라 산업화의 현장이었던 곳. 지방에서 올라온 소년 소녀들의 밤낮없는 노역으로 경제대국을 이루기까지 그 역할을 했던 곳이다. '이음'은 말 그대로 실과 바늘이 천을 이어 옷을 만들 듯 사람 사이를 잇겠다는 뜻이요, '피움'은 꽃이 피듯 소통과 공감을 피우겠다는 뜻이란다. 지금도 일천여 개의 봉제공장이 좁은 골목마다 다닥다닥 밀집되어 있다.

동서남북 사대문 중 가장 낮은 지형의 동대문 흥인지문興仁之門. 다른 성곽과 달리 여덟 개 성문중 유일하게 옹성을 갖추고 있다. 동쪽이 지형적으로 낮아 적을 방어하기 위해 바깥쪽으로는 성문을 보호하고 튼튼하게 지키기 위해 반원 모양 옹성을 쌓았다. 이는 적을 공격하기에 합리적으로 계획된 시설이었다.

한양도성 성곽 일부로, 인왕 북악 낙산에서 흘러내리는 물과 한양의 생활 하수는 오간수문, 남서문 동천의 일부 지류는 이간수문으로 두 물줄기는 청계천에서 만나 한강으로 흘러갔다. 지금은 오간수문만 남아있다. 이간수문은 1926

년 일본 황태자의 결혼식을 기념하여 훈련공원 한편에 근대식 경기장인 운동장(舊 동대문운동장)을 지으면서 흥인지문과 광희문 사이에 남아있던 성벽마저 파괴되고 이간수문은 헐렸다. 성벽 하단부 석재는 관중석 기초로 사용되어 지금은 흔적조차 없고, 이간수문은 동대문역사문화공원에서 광희문 가는 길에 '터' 표지석만이 덩그러니 있다.

흥인지문과 광희문 사이 성벽은 허물어지고 유적조차도 없으나, 동대문은 우리나라 실물경제가 움직이는 곳이자 젊음의 거리며, 신인 패션디자이너들의 등용문이기도 한 패션의 거리다. 동대문역사문화공원에 거대한 외계우주선이 서울 한복판에 내려앉은 모양으로 이라크 태생 영국의 건축가 자하 하디드가 설계한 '동대문디자인플라자 DDP'다. 이곳은 복합문화공간으로의 역할을 톡톡히 하고 있어, 미래지향 융합형 콘텐츠를 집중으로 육성하고 서울의 디자인경쟁력을 높이고 있다.

동대문시장을 비롯한 청계천시장들은 경제가 움직이는 살아있는 현장으로 원자재부터 부자재 완제품까지 밤낮을 가리지 않고 돌아가는 산업 현장이었다. 그때만은 같지 않아도 지금도 생산의 중심지다. 이삼 십 년 전만 해도 새벽시장은 전국에서 모여든 도매업자들로 시끌벅적했고, 물건을 구매하기 위해 좁은 골목 골목을 누비며 점포를 돌아다닐 때면 발 디딜 틈도 없이 서로 부딪혀야만 지나다닐 수 있는 곳이었다. 지방에서 도매업자들이 타고 온 관광버스가 주차장에 가득하여 유람도 식후경이라 밥집도 흥청거렸다.

지금은 활기찼던 새벽시장은 썰렁한 채, 크고 작은 점포들이 문을 닫아 도매업자는 간간이 보이고 단순소비자만이 와글와글하다. 물론 '택배'라는 획기적인 교통수단이 생겨서라고도 할 수 있겠으나 그전의 활황을 잃은 지는 오래됐다. 이제는 낮의 동대문시장은 먹거리를 찾아 나선 사람들로 빈대떡에 막걸리 한잔, 젊은이들은 씨앗호떡을 사기 위해 대로변까지 늘어서 와자하다.

 흥인지문에서 광희문까지는 장안의 도로를 위해 성벽은 허물어졌다. 광희문을 시구문屍柩門이라고도 했는데, 시체가 드나드는 문으로 임진왜란 때 선조가 돈의문을 통해 의주로 몽진 가듯이, 조선 인조도 청나라에 쫓겨 남한산성으로 피난 갈 때 백성들도 기피 하는 이곳 광희문을 통해 황급히 빠져나갔다. 얼마나 다급했으면 백성들도 다니기를 피하는 이곳을 통해 황망하게 도성을 빠져나갔을까. 병자호란은 싸움다운 싸움 한번 해보지 못하고, 청에 무릎을 꿇어 군신의 관계로 두 왕자를 청에 볼모 삼아 보내는 수모를 당했다.

 가장 짧은 구간을 돌면서 무너진 성벽과 자의든 타의든 없어진 유적으로 인해 먹먹함과 설렘이 교차하는 성곽길이었다. 인왕과 북악산 기슭 창의문 밑을 발원지로 한 청계천 오간수문을 지나며 오 백 년 왕조를 생각하고, 육 십 년을 넘게 서울에 살면서 무심히 지나쳤던 흥인지문의 역사적 의미를 재해석하며 애정을 가지고 생각해 볼 수 있는 시간이었다.

 성곽을 도는 내내 둘러보기에 잘 나섰다는 생각을 떨칠 수 없었고, 시간의 여유를 가지고 톺아보기를 통해 좀 더 내밀한 서울을 들여 다 볼 수 없음이 아쉬웠다. 그러나 사대문 중 낙산구간은 서울시민과 연하여 공존하기에 서울의 속살을 외성과 내성으로 내밀하게 들여다볼 수 있어 보람이었다. 가을 저물녘 동대문성곽공원 끝머리 빈 벤치에 앉았다. 외성을 쌓음으로 작은 마을 같은 흥인지문과 수없이 지나치는 자동차들 속 인파를 보며, 빛바랜 흥인지문 사진 속 아이가 반쯤 허물어진 성벽 위에서 자신이 개선장군이나 된 양 으쓱거리는 모습을 기우는 햇살에 얹었다.

-《문학한국》 2021. 가을호

돈의문 성벽 아래 서촌이 있다
−한양도성 성곽길 서쪽 돈의문敦義門 인왕산구간

'둥~둥~둥' 북소리 들린다. 숭례문 성벽재현구간을 지나 서쪽 작은 문 소의문터다. 이곳은 서소문 밖으로 17세기부터 칠패시장 서소문시장이 있던 저잣거리로 지금은 수제 양화점들이 즐비하고, 조선시대 중죄인을 처형하던 대표적인 처형장 중 하나다.

소실되어 없는 서쪽 작은 문 터를 지나자, 전형적인 겨울 날씨로 회색빛 우수가 돈의문터를 뒤덮고 있다. 강북삼성병원 앞을 지나 구릉진 언덕길을 천천히 걸어본다. 그 옛날 성곽 위를 거닐 듯이. 밑에서 보면 완만해 보이나 올라서서 아래로 내려다보는 느낌은 다르다. 아래서는 평면으로 보이던 사물들이 위에서는 아득하게 다가온다.

지금은 흔적도 없는 자리, 그때 그 시절 성문을 지나가는 광경을 생각하며 구한 말의 느리게 달리는 전차 소리, 대문 밖 한복 입은 아이들의 천진함과 달리 무표정하게 오가는 행인들 속에서 한 나라의 암울하고 습했던 냄새가 난다. 임진왜란 당시 선조임금도 백성을 버리고 의주로 몽진* 갈 때, 이 문을 빠져나갔다. 여길 지나는 사람 중 이곳이 성곽이었음을 알고 지나는 사람이 얼마나 될까 싶다.

언덕 맞은편으로 도시재생센터가 보이고 '돈의문박물관마을' 입간판이 어서 오라 손짓한다. 이곳 어디쯤 처음 돈의문이 세워졌으나, 경복궁의 지맥을 해친다는 이유로 헐고 1422년 다시 그 자리에 지어졌다. 이때부터 돈의문은 새문新門이라는 별칭이 붙었고, 돈의문 안쪽 동네를 새문안동네로 불렀다.

원래 성벽 주위 일정 거리 이상은 집을 지을 수 없도록 했으나 19세기 말, 한양에 사람들이 몰리면서 성곽 근처에도 민가가 들어서기 시작했다. 그 후, 일제강점기 선교사들과 외국인들이 들어오면서 전망이 좋은 성곽 부근에 서양식 집들이 마구잡이로 들어서기 시작했다. 가장 대표적인 건물이 '딜쿠샤'다. 이 가옥은 미국인 앨버트테일러 집으로 사업적으로 들어와 기자 생활을 하며 우리나라 3.1운동을 최초로 서방에 알린 그이기도 하다. 이렇듯 곳곳에 허물어진 성벽을 축대 삼아 집을 짓고, 도로를 까는데 무너진 성돌이 사용됐다.

돈의문박물관마을

최근 '돈의문박물관마을'은 돈의문 터 성곽 주위로 조성된 동네를 전면철거 신축이라는 기존 재개발 방식에 대한 반성으로 도시재생마을로 재탄생했다. 높은 계단을 따라 올라가면 정면에 '돈의문구락부'가 보이고, 옆으로 작은 골목을 돌아들면 오래된 서양식 주택 대문 위에 '국민교생 과외수업지도 5,6학년 책임지도'라는 간판은 그 시절로 돌아가 향수를 불러일으킨다.

갈래머리 친구가 생각나는 분식집, 빨강 파랑 이발소 간판, 벽에 그려진 '뻥튀기' 그림은 튀겨진 쌀튀밥이 벽을 뚫고 튕겨져 나올 듯하다. 좁은 골목, 가파른 계단 위 새문안극장 포스터 '겨울나그네'는 장안의 화제로 젊은이들에게 엄청난 반향을 일으키며, 막 이십 대로 접어든 내게도 밤잠을 설치며 몸살을 앓게 했던 그때다. 근현대 서울 100년의 삶과 기억을 고스란히 품고 있는 돈의문박물관마을. 옛날의 정취를 자아내며 옛 새문안 동네 모습이 그대로 남아있어 그 자체로 박물관마을이다. 박제된 과거가 아니라 앞으로 새롭게 쌓여갈 기억들을 포함하는 기억보관소로 미완성의 공간, 현재진행형이었다.

동네 가운데 한옥마을은 부분적으로 축대처럼 성벽이 남아있고 서울특별교육청 서울시민대학까지는 흔적조차 없다. 그나마 시민대학 옆으로 높은 담장의 서너 층이 오랜 흔적이 묻어나는 빛깔로 성벽임을 말해주고 있다. 담장 같은 성벽을 끼고 오르면 안으로는 경희궁과 서울역사박물관이다. 조선의 정조대왕이 이 궁에서 즉위했을 정도로 큰 정궁이었으나, 일제강점기 형편없이 훼손되어 지금도 복원이 진행 중이다. 성곽의 성돌은 세월의 풍파에 씻겨 마모된 정도와 빛바랜 색으로 성벽의 나이를 말하고 있다.

말 그대로 달빛보기에 전망이 좋은 월암공원, 홍난파 가옥을 지나쳐 성곽을 조금 올라 옆으로 내려오자, '딜쿠샤'와 권율장군 집터의 오래된 큰 은행나무가 우리를 맞는다. 밑으로 내려가면 독립문이 나온다. 오늘의 목적은 성곽이므로 다시 성벽 쪽으로 갔다. 성곽 안쪽으로 사직단과 황학정이 있으나 통과하고, 우수조망명소 닿기 전 암문으로 성벽 밖은 다시 무악동 내려가는 길이다. 성벽 안 조망장소에서 내려다본 서울의 도시는 엷은 회색빛으로 멀리 남산타워가 우뚝 서 있다.

세종마을 통인시장이 있는 청운효자 사직이 있는 서촌이다. 나무계단을 오르자 선바위 모자바위 부처바위가 인왕곡성까지 이어진다. 성벽 안으로 경치 좋기로 이름난 백사 이항복 집터가 있는 필운대가 보이진 않으나 짐작컨데 아래 계곡 즈음이지 싶다. 화창하여 빼어난 절경을 볼 수 있으면 좋으련만 그 나름대로 발아래 내려다보이는 깊은 계곡 안개 낀 듯한 몽환적인 풍경이 오히려 신비롭다. 조선 최고의 문장가 이덕무가 그의 벗들과 봄날 필운대를 찾아 인왕산 쪽에서 바라본 서촌 북악 궁궐 그리고 북촌의 풍경을 담은 시에서 그곳의 풍경을 한눈에 담아볼 수 있다.

구름 개인 서쪽 성곽에 봄옷 차려입고 거니니/눈에 아른대는 아지랑이 - 중략-/물고기 비늘 같은 만 채의 가옥에 꽃향기 피어오르고/연꽃처럼 솟아 있는 세 봉우리 햇무리를 품었네/경복궁의 땅 밝아 백조가 날아오르니 내 마음 너희와 노닐며 모든 걸 잊었네//
― 이덕무 『아정유고』 일부

산을 오르는 행렬은 우리를 비롯하여 대부분이 가족이다. 편안하게 걸을 수 있는 길이라는 방증이기도 하다. 개 중에는 아빠를 따라온 대여섯 살 사내아이도 바위와 계곡 사이를 제법 잘 따라간다. 한두 번 다닌 품새가 아니다. 인왕산은 아빠를 따라서 오를 수 있을 정도로 두어 곳 빼고는 완만하다. 딸아이는 등산 다닐 때 곧잘 따라 다녔으나, 작년 결혼하고는 함께하지 못했는데 선뜻 따라 나서줘 고마웠다. 딸도 전과 달리 아빠와 오순도순 주거니 받거니 하며 즐거운 표정이다. 왜 아니 그렇겠나, 결혼해 보니 어른 모시는 게 무엇인지 알고 부모의 마음을 조금은 알지 않을까.

　인왕산은 바위산이다. 크고 작은 바위산을 오르니 인왕산곡성이다. 곡성은 군사시설의 요충지로 사방을 볼 수 있도록 성벽을 곡선으로 둘렀고, 멀리 볼 수 있도록 성을 쌓았다. 그때나 지금이나 군사시설로 활용되고 있다. 북악산과 인왕산 두 곳에만 있다. 바로 이곳이 수성계곡이 있는 서촌이다. 진경산수화의 대가인 겸재謙齋 정선이 그린 '인왕제색도' '장동팔경첩' 중 수성동 계곡의 배경이 되는 곳이다. 옥인동시범아파트를 철거하면서 이곳의 역사적 가치를 재발견하여 현존하는 그림 속 돌다리(기린교)와 계곡 일대를 서울기념물로 지정하고 복원했다.

　곡성에서 조금 오르자 집채만 한 바위가 앞길을 '턱' 가로막고 있다. 범바위다. 그 범바위 옆으로 난 좁은 절벽을 지나야 한다. 발아래는 천 길 낭떠러지다. 고소공포증이 있으나 예까지 왔는데 하고, 저만치 앞을 보니 아빠와 함께 왔던 사내아이가 아빠의 도움을 받으며 올라가고 있다. 기특하다. 어른 체면이 있지 후들거려도 예까지 왔는데 범을 잡아야 하지 않겠는가.

　벼랑 아래 절벽 같은 범바위를 통과하자 암벽이 나타났다. 등산객의 안전을 위해 성벽 곁으로 계단을 냈다. 그러나 그곳으로 가지 않고, 바위 위에 설치해 놓은 로프를 잡으며 올라가는데 아래를 내려다보니 바위산이다. 앞서가던 남편이 내가 위태로워 보였는지 비켜서 기다리고 있다. 일단 뒤에 오는 사람들에게 앞을 내주고 천천히 로프를 잡고 올라가 내가 앞서고 남편이 뒤에서 따라왔다. 그리하여 정상탈환!

위험한 곳을 정복하려는 사람의 심정을 알 것 같다. 바로 이 짜릿함을 알기에 도전하는 것이리라. 인왕산구간의 위험한 고비를 넘기니 그다음부터는 룰루랄라다. 이 맛에 등산하는 것인가. 이 코스가 없었다면 심심할뻔했다. 인왕산고지에 깃발을 꽂고 성벽을 따라 내리막길로 내려와서 올려다보니 그 암벽이 기차바위 치마바위였다.

이즈음에서 성벽 밖을 내다보면 작은 성벽이 보인다. 북한산 입구로 들어가는 홍지문 탕평대성이다. 북대문인 숙정문이 풍수지리적으로 좋지 않아서 서북쪽으로 홍지문을 다시 세워 그곳으로 드나들었던 성문이다. 다시 성벽을 따라 내려오는데 성벽 사이사이에 적을 쏘기 위해 만든 작은 구멍 총안銃眼이다. 작은 구멍으로 별것 보이는 것 게 없어도 들여다보는 재미가 짜릿하다. 저만치 창의문이 보인다.

성벽 밖은 반계 윤웅렬별장과 안평대군 이용의 집터, 부암동 무계원과 흥선대원군 이하응이 경치에 반하여 합법적인 위협으로 당신의 것으로 만든 별장 석파정과 서울미술관, 홍지문터널과 탕춘대성 세검정이다. 성안은 청운공원이며 청운문학도서관이 있고 서촌에 이상을 비롯하여 김송 등 문인들이 살았다. 그렇게 성벽을 따라 내려가다 보면 인왕산 끝자락에 맑은 영혼 윤동주 시인의 언덕과 문학관이 보인다.

— 《문학한국》 2022.봄호

* 몽진蒙塵 먼지를 뒤집어쓴다는 뜻으로 임금이 난리를 피해 도망하여 안전한 곳으로 피난가는 행위를 비유적으로 말함

북악성곽에서
– 서울의 도성, 북대문 숙정문肅靖門 북악구간

　성벽 위에서 내려다본 청운동 고개는 가팔랐다. 북소문인 창의문 성벽 아래로 하얀 외벽의 윤동주문학관이 단정하게 그를 찾는 발길을 기다리듯 따사로운 겨울 햇볕을 쬐고 있다.

　북촌에 살았던 청장관 이덕무는 '백악은 둥글고 뾰족하게 서 있는 형세가 마치 모자를 뒤집어쓴 모양과 같다' 했으며, 다른 이는 '반쯤 핀 모란'에 비유하기도 했다. 인왕과 북악이 만나는 창의문 바로 밑이 청계천의 발원지이며 인조반정군이 넘은 문이기도 하다. 이를 기념하는 공신들 이름이 현판에 적혀있다. 창의문을 자하문이라고도 하는데 주변 경치가 개경의 자하동과 비슷하여 얻은 별칭이다.

　성벽 안내소에 주민증을 보여주고 출입증을 받았다. 사소문四小門 중 유일하게 문루가 온전히 보존된 곳이지만 개보수 중이라 아쉽게도 성루는 올라가 볼 수 없었다. 창의문 안내소와 고래쉼터 중간 암문이다. 암문 밖으로 내려가면 부암동 '백사실계곡'과 '백석동천'이다. 백사 이항복이 지내서 붙여진 이름이라고 전해지나 역사적 기록은 없다.

　부암동 백악산 뒷자락 북한산을 정면으로 자연경관이 수려한 백사골에 있는 동천洞天*이다. 백석동천白石洞天*은 1800년대 도성 인접한 곳에 조성된 별서*로 사랑채 안채와 연못까지도 갖춰져 백석동천 각자바위 위에 있다. 지금은 '폐허의 미학'이라는 말처럼 부흥했던 때를 알려주는 건물의 초석만이 남아 세월의 흔적을 품고 물이 마른 연못마저도 자연의 일부인 듯 고즈넉했었다. 고개를 돌려 바라다본 성벽 밖은 깊이를 알 수 없을 정도로 깊었다. 백사실계곡의 세찬 겨울바람에 앙상한 나뭇가지 부딪히는 서늘한 소리는, 몸을 녹이기 위해 서로 몸을 비비는 소리로 들린다.

  백악마루 멀리 정상이 보인다. 완만하다 싶으면 오르락내리락을 반복하며 도착한 백악산 정상이다. 그 옆 물개바위에 올라 바라다본 하늘은 코발트색 바다 같고 겨울답지 않은 청명한 날씨로 우뚝 솟은 남산 타워가 손에 닿을 듯하다. 그렇게 서울 시내를 조망하고 내리막길을 내려오다 1.21 사태로 열다섯 발의 총탄을 맞고도 여전히 푸르른 소나무와 만났다. 그 오랜 세월 상처의 흔적을 안은 채 역사의 증인으로 꿋꿋하게 살아있어 끝나지 않은 전쟁이라는 것을 확인시켜 준다.

  지금까지 완만했던 길을 다시 가파르게 오르자 청운대. 북악산 정상 못지않은 절경으로 경복궁 광화문광장 세종로가 한눈에 들어왔다. 다시 성벽 옆 나무계단이 구십 도에 가까워 하늘에 닿을 듯 이어진다. 내성벽과 외성벽을 같이 오를 수 있게 되어 있다. 성벽의 높이와 숨결도 느껴 볼 겸 외성벽으로 올랐다. 안쪽으로 오를 때 보지 못한 겨울 산의 앙상함을 느끼며 밖에서 바라다본 성벽 높이는 위압적일 정도로 높았다.

숨이 턱에 찰 즈음에 백악곡성에 도착했다. 인왕산과 백악산에만 있는 군사시설이다. 인왕곡성과 달리 이곳은 상당히 넓은 평지와 군사시설의 면면이 잘 조성되어 있어 간단한 훈련도 가능할 정도의 규모다. 곡성에 서서 건너다보면 북악스카이웨이 팔각정과 독재시절 요정이었던 삼청각도 보인다. 정상에서 본 백악산은 인왕산하고는 다른 위용이 느껴지며 내사산內四山 중 주산으로 청와대와 경복궁을 호위할 만하다는 생각이 든다. 계곡은 수직으로 깊이를 알 수 없을 정도로 깊다. 북한 공비들은 이 험준한 산을 어떻게 올랐을까. 이런 산도 능히 넘어오는데 우리는 아무런 의식 없이 너무 안일하게 사는 게 아닌가 싶어 경계의 마음을 갖게 한다.

　내성벽으로 들어왔다. 내리막길이다. 촛대바위를 지나자 한 지석이 세워져 있다. 팻말에 일제강점기 우리나라의 지맥을 끊은 곳이란다. 신채호 선생의 '역사를 잊은 민족은 미래가 없다'라는 말을 상기하며 이 나라가 국제무대에서 위상이 높아졌다 하지만 자만하지 말아야 할 것이며, 강대국 사이 지정학적인 위치를 잘 활용하여 외교무대에서 이성적 통찰력을 가지고 외교를 한다면 열강 속에서도 능히 살아남을 수 있으리라.

　북대문인 숙정문에 닿았다. 이 문도 성루가 보수 중이다. 처음에는 숙청문肅淸門이있으나, 숙정문肅靖門으로 바뀌었다. 현존 도성의 문 중 좌우 양쪽으로 성벽이 연결된 대문은 숙정문이 유일한데 그것은 산세가 높아 보존할 수 있었다. 조선 초기 세시풍속 중 부녀자들이 숙정문을 세 번만 다녀오면 그해의 액운이 없어진다고 하여 부녀자들의 숙정문 나들이가 빈번했다.

다시 성벽을 따라 내려오면 아래로 삼청터널이 지나가고 말바위 안내소에 출입증을 반납했다. 이곳을 통과하면 이곳저곳으로 갈 수 있는 길이 많아진다. 성벽 안 삼청공원으로 멀리 북촌이 보인다. 조선의 실학자 박제가는 이곳에서 북촌의 한옥마을 기와지붕을 바라보며 '고기비늘이 물결친다'고 표현했다. 기와지붕을 보고 이런 표현을 할 수 있었던 것은 벗들이 사는 정겨운 곳을 표현한 것이 아닐까. 그의 스승이자 벗인 간서치看書癡 이덕무는 늦여름과 초가을 사이 어느 날 벗인 유득공 박제가 서상수 유금 등 백탑 시 동인 일곱 사람과 삼청동에 모여 놀면서 이곳의 정취를 노래했다.

> 물놀이 하는 아이들 오리와 경쟁하고/조그만 물웅덩이 흙탕물만 가득하네/잠자리 희롱하며 머리 위로 날아/왔다 갔다 상투를 스쳐 가네// - 『아정유고』 1 〈칠석 이튿날〉

삼청공원을 지나 '성북동 성곽길 서울밤풍경'이란 곳에 서면 성북동 일대가 다 보인다. 성벽 안쪽으로는 와룡공원이요, 암문 밖으로는 북정마을이다. 북정마을은 궁녀들이 궁에서 쓸 메주나 장을 만들던 곳이며 성북동은 정다운 인연들이 있는 곳이다. 화가 김환기는 「성북동 비둘기」를 쓴 김광섭이 죽었다는 비보悲報에 그의 시 「저녁에」 마지막 구절을 따서 「어디서 무엇이 되어 다시 만나랴」라는 그림과 산문을 발표했다. 나중에 오보誤報임이 밝혀졌으나 그들도 성북동 사람들이다.

만해 한용운 선생의 심우장과 공덕주功德主 김영한이 '백석의 시 한 편만도 못하다' 했던 길상사와 상허 이태준의 수연산방, 터만 남은 김용준이 살다가 화가 김환기 김향안 부부에게 준 노시산방老柿山房도 있다. 나중에 두 사람 이름을 따서 수향산방이라 했다. 그리고 엄혹한 시절에도 우리 예술품을 지키려 했던 간송 전형필의 간송미술관, 최순우 가옥 등으로 당대 예술인들과 그들의 삶이 살아있는 곳이다. 영감이 떠오르지 않을 때, 삶이 팍팍해질 때면 자주 찾아들어 앓으면서 쉼을 갖고, 다시 앓으며 힘을 얻는 곳이다.

성안, 와룡공원을 내려오면 성균관대학교 후문이 나온다. 그 근처는 궁녀들이 빨래하던 빨래터가 아직도 남아있다. 학교 담을 따라 쭉 내려오면 정문과 후문 중간쯤에 시인 성춘복 선생이 운영하는 소소리*출판사가 나온다. 세월은 비켜 가지 않아서 구순에 가까운 선생을 대신해 지금은 수필가 우희정 대표가 맡아서 하고 있다. 2층 양옥으로 '소소리' 간판 위에는 유럽 여행에서 가져온 장닭 장식이 빨간 벼슬을 뽐내며 우람하게 문을 지키고 있다. 60년대부터 '문학시대'를 발간해 오던 곳이다.

문단 선배 소개로 출판사를 찾았을 때, 그곳 뒷담이 북악 성벽 일부로 맨 아래 담벼락에 '훈련도감訓鍊都監'이라는 한자가 또렷하게 새겨져 있었다. 출판사 대표에게 물어봤더니 역사적 문헌을 찾아보았으나 알 수 없다고 했다. 궁금증이 풀렸다. 구한말 신식 군사훈련은 지금의 동대문역사공원으로 역사 기록에 남아 있다. 그러나 그 이전의 군사훈련은 어디서 했는지 뚜렷하게 기록으로 남아 있지 않다. 그러니 산세가 험한 이곳 어디쯤에서 조선의 군사들이 훈련하던 장소가 맞을 것이다.

다시 외성벽을 따라 끝까지 내려오면 평지가 나오면서 성벽은 끊어지고 차도를 건너면 경신중고등학교가 나온다. 이때부터 성벽은 없어지고 학교 담벼락, 빌라축대로 듬성듬성 아직도 성돌 흔적이 남아있다. 그나마 흔적조차 없는 자리엔 전봇대에 '한양도성길' 포스터를 붙여 놓았다.

서울의 도성, 사대문 숭례문(남대문) 흥인지문(동대문) 돈의문(서대문) 숙정문(북대문) 넷 중 그나마 온전한 성벽이 남은 곳이 북악구간의 숙정문이다. 산세가 험해서 그러하였으리. 그러함에도 주택들이 들어서면서 성벽은 허물어지고 허물어졌다. 나라가 망하면 어떻게 되는지 보라는 듯이. 학교와 주택가를 지나 혜화문 성루에 닿았다. 얼굴을 때리고 지나가는 겨울바람 속 혜화문 성루에 서니, 낙산으로 건너가는 성벽이 끊어진 삼선교에서 혜화동으로 넘어가는 8차선 대로에 차들이 쉼 없이 달린다.

풍경으로 대답하는 과묵한 백악산 험준한 곳에 성벽을 두르고 왕권의 아성을 쌓은 조선왕조를 생각하며 부침의 세월을 견디어내고 남은 성벽에 마음을 얹는다.

— 문화엔 피플신문 2024.10월

---

*별서: 조선 선비들이 거처하는 본래의 집과 멀지 않은 곳에 자연과 철학을 담아 지은 집
*동천: 산천으로 둘러싸인 경치가 좋은 곳
*백석동천: 흰돌이 많고 경치가 아름다운 곳
*소소리: 높이 우뚝 솟은 순우리말

목멱산木覓山, 민족 얼을 품은 서울의 허브
 - 한양도성 성곽길 남산 숭례문崇禮門 구간

　전국은 꽁꽁 얼어붙었다. 11월 중순 계속 포근했던 날씨가 오늘부터 영하로 뚝 떨어졌다. 한양도성 성곽길 목멱산木覓山 남산구간이다. 남산은 남쪽에 있다는 의미이기도 하지만 경복궁 앞에 있는 산이라는 의미의 남산이다. 경주의 남산도 궁궐의 앞쪽에 위치해서 붙여진 이름이다. 조선 초기부터 국태민안國泰民安을 비는 국사당을 이 산에 두었다.

　오늘은 광희문에서 출발이다. 신당동 광희문光熙門은 네 개의 소대문중 하나인 남동쪽에 위치, 도성의 시체를 내다 버려서 시구문屍柩門이라고도 했다. 백성들조차 이 문으로 드나들기를 좋아하지 않았다. 죽은 자와 산 자가 교차하는 곳이다. 신당동神堂洞신이란 이름도 이와 무관하지 않아서 점집이 많은 '무녀촌'으로 붙여진 것으로 지금의 신당新堂이란 이름은 갑오경장 이후다. 광희문은 일제강점기 도로를 정비한다는 명목으로 완전히 철거되었다가 1994년 지금 자리로 복원했으나, 원래 위치가 아닌 오른쪽 언덕으로 옮겨 짓는 바람에 원형이 크게 훼손됐다. 일제강점기 훼손된 유적이 어디 이뿐이랴. 아예 없어져 흔적조차 없는 서쪽의 대문 돈의문도 있다.

　'한양도성순성둘레길'이란 땅의 표식을 따라 장충체육관 뒤쪽 길 성곽으로 올라갔다. 왼쪽 주거지 경사진 언덕은 아직은 재개발이 되지 않아서 근대 주택들이 옹기종기 고즈넉하고, 간간이 공방과 맛집이 군데군데 있어 이곳 통행량이 적지 않은 곳임을 말해주고 있었다.

남산으로 오르는 성벽에서 한문으로 '경주시慶州始'라는 글자가 새겨져 있고 옆에 각자성석에 대한 설명을 해놓았다. 이렇게 성돌에 글자를 새겨 넣은 것을 '각자성석'이라 한다. 구간 각각 공사는 5도 백성에게 할당되었는데 각자성석은 책임을 묻기 위한 일종의 공사실명제다. '경주시'라는 것은 성곽 쌓을 때 혜화문부터 남산 잠두봉까지 41구간은 경상도에서 쌓았기 때문에 경주지방이란 뜻이다. 이렇게 지방의 이름은 세종 때부터 새겨 넣었는데, 성벽이 무너지면 그 지방의 백성들이 서울로 올라와 다시 쌓게 했다. 철저하게 책임을 묻는 제도로 그 누가 허술하게 쌓을 수 있었을까. 그때는 도보로 경주에서 서울까지 와야만 하는 길, 귀향길이나 마찬가지 아니었을까.

이태준의 『무서록』 중 「성城」이란 글에서 성북동 기슭에 살았던 그는 저녁 먹기가 이른 때면 가끔 집으로 오지 않고 성 터진 고개에서 백악순성로를 한참씩 올라간다고 했다. 그뿐 아니라 아침 세수하다 옥수수같이 생긴 성돌의 성벽을 마음에 얹으며 쓴 글은 이 각자성석의 뜻을 잘 표현하고 있다.

돌로 뿌리를 박고 맞벽을 쳐올려 쌓은 성, 돌, 돌, 모래 헤이듯 해야 할 돌들, 이 돌 수효처럼 동원되었을 그때 백성들을 생각한다면 성자성민야城者盛民也

—이태준의 「성」 중 일부

팔도강산 방방곡곡에서 모여든 방언들이 얼마나 이 산속을 소란하게 했을 것인가. 정 소리와 목도 소리는 조용한 산속을 넘어 민가까지도 들렸을 것이다. 많은 수의 백성을 동원하기 위해 여름과 겨울, 농한기를 이용해서 구십팔일 동안 18.6km를 일 년 만에 축조하였으니 그 노역은 익히 알만하다. 바람이라도 건든 불면 으스러질 듯 부스러질듯한 성돌을 쓰다듬고 발길을 옮겼다.

광희문을 조금 지나서부터 장충체육관까지는 아예 성곽의 흔적이 없다. 일반 빌라 축대에서 간혹 성돌이 발견되기도 했다. 그렇게 장충체육관 신라호텔까지 이어진다. 신라호텔 옆 외성곽으로 걷다 보면 다산동으로 내려가는 암문을 지나 가쁜 숨을 몰아쉴 때쯤 우수조망 장소인 성곽마루가 나온다. 늘 느끼는 것이지만 올라올 때 느낌과 정상에서의 느낌은 너무도 다르다. 그래서 죽음을 무릅쓰고 산을 정복하는 것이리라. 인간의 성공도 똑같은 것이지 싶다. 목적지에 올랐어도 또 다른 정상을 향해 도전하는 산악인처럼.

이곳을 지나면 성곽길은 없어지고 골프연습장이 그 길을 대신하여 반야트리& 스파호텔까지 이어진다. 이즈음 스파서울 호텔 뒷문 오른쪽 오르막길 가에 남소문터 표식이 있다. 남산들레길에서 뚝 끊어진 성곽길을 만났다. 그곳에서 외성벽 가파른 나무계단길이다. 급경사진 성벽을 따라 올라가는 길은 심장과 다리의 인내심을 요구했으나, 오랜 세월 견디어낸 성곽의 민낯을 가까이서 볼 수 있는 행운도 얻었다.

북악산구간 외성벽을 돌 때 봤던 하얗게 찍어 놓은 점들과 기울어져 가는 측도를 재기 위해서 설치한 도구들이 간간이 보였으나, 이곳은 심각할 정도로 하얀 점들이 많았다. 그만큼 기울기가 심하다는 증거일 것이다. 더는 힘들어 못 갈 즈음에 이르면 가쁜 숨을 고를 수 있는 조망 장소를 만난다. 아래 세상은 분주하게 돌아가고 있다. 카뮈의 수필 『시지프의 신화』 '하늘 없는 공간과 깊이 없는 공간'이란 말이 생각난다. 노는 것도 일하는 것도 아닌 시간과 공간 속에서 지지부진하게 힘을 소비하는 일은 많아도 자신을 풀어놓는데 늘 실패했던 시간들.

칠백여 나무계단 끝에 서면 남산 정상으로 올라가는 중간쯤의 돌계단이다. 조금 올라가서 봉수대를 둘러보고 천천히 한양도성유적전시관으로 내려왔다. 성벽을 어떻게 쌓아 올렸는지 그 실제 현장을 보여주는 유적지다. 건설 장비가 없던 그때 오직 사람의 힘만으로 쌓아 올리는 걸 재현해 놓은 성벽을 보며 각도에서 올라온 힘없는 백성의 49일 동안 노역을 다시 생각하며, 이태준의 '성자성민야城子盛民也'을 읊조려 봤다.

남산도서관을 지나치며 암으로 이십여 년 전 먼저 간 중학교 단짝인 옥이 생각에도 젖었다. 시험 기간이면 우리는 공부를 핑계로 도서관에서 공부보다는 가지고 온 도시락 먹는 재미도 쏠쏠했고, 집중이 안 될 때면 남산 둘레를 거닐었던 날들. 중간고사 학기말 고사가 끝나는 날이면 선생님의 눈을 피해 명동 중앙극장을 다녔던 일. 어느 해 겨울 '닥터 지바고'를 보고 극장은 나오자 눈이 내려 세상은 온통 하얗다. 유리 지바고와 라라의 슬픈 사랑에 친구와 둘이서 눈이 펑펑 쏟아지는 밤에 한없이 걸었던 일. 그런 그녀는 마흔이 갓 넘은 나이에 중학생인 두 딸을 두고 영면에 들었다. 한참을 잊고 살았는데….

그곳을 지나면 안중근 의사를 비롯한 백범 광장의 백범 김구 선생과 이시영 선생 등 나라를 위해 희생한 많은 애국지사의 얼이 서려 있다. 한목숨을 던져 세계만방에 독립의 햇불을 든 안중근 의사, 백범일지를 통해 보듯 조국독립을 위해 모든 것을 버린 백범 김구 선생과 한국의 노블레스 오블리주로 이회영을 비롯한 육 형제 모두 독립운동을 했던 이시영 선생 등 서울의 심장부에 그들의 정신이 숨 쉬고 있다.

애국지사의 혼을 마음에 얹으며 잠시 남촌 한옥마을과 타임캡슐이 있는 밀레니엄 광장을 둘러봤다. 서울 정도定都 육백 년을 맞아 서울의 마을 모습과 시민들의 생활을 대표하는 문물 육백점을 캡슐에 담아 매장해 천년이 되는 2394년 11월 29일 개봉될 예정이다. 이는 사백 년 후인 서울의 정도를 후손에게 문화유산으로 전하고자 함이란다.

숭례문으로 내려오는 내성벽은 새로 쌓은 성벽으로 하얀 화강암이다. 그곳에서는 그 어떤 이야기도 들을 수 없었다. 회색의 억새가 찬바람에 흔들리며 마중하고, 오랜 세월 버티어냈으나 이젠 눈에 보이게 닳아진 성돌이 세월을 이기지 못하고 기울어지고 있다. 그렇게 또 시간은 가고 시간은 와서 항상 현재다.

수도 서울의 관문이며 우리나라 국보 제1호 숭례문崇禮門에 닿았다. 조선시대 한양도성의 성문을 유교의 덕목인 인의예지仁義禮智를 따서 지었다. 숭례문은 그 중 예禮에 해당하며 현판의 글씨를 쓴 인물은 태종의 장남인 양녕대군으로 알려져 있다. 돈의문으로 시작해서 18.6km로 숭례문까지 완주를 끝냈다. 때로는 성곽이 소실 돼 길을 잃고 헤매기도 무너지고 부스러진 성벽을 보며 가슴에 바람 숭숭한 날도 있었으나, 시작하기를 잘했다. 또 다른 시선으로 서울을 바라보며 열어 놓은 숭례문 안으로 발길을 옮겼다.

-《문학한국》 2021. 겨울호

단돈 이백오원

　흥인지문興仁之門 성곽이다. 한양도성박물관 언덕배기를 오르자 올해 들어 가장 추운 날씨라서일까 몸을 날려버릴 듯 바람이 세차다. 어머니 따라 설날 큰집 갈 때, 낙동강 강바람이 온몸을 꽁꽁 얼게 했던 그 바람이다. 서울에서 육십 년을 넘게 살았으나 이런 바람은 처음이다. 그렇지 이곳이 성곽이지.

　수없이 지나쳤던 한양 동쪽 지킴이 큰 대문 '흥인지문興仁之門' 동대문을 언덕 위 성곽에서 바라본 감회는 남달랐다. 흥인지문의 위엄과 문의 형태 그 주변 지형지물들이 한눈에 들어왔다. 무심히 지나다니던 곳에 나의 숨결을 얹었다. 멈추어 서서 보아야 보인다고 했던 말처럼 수많은 사연을 안고 대문은 '이제사 보이느냐' 조용히 내게 말을 건다.

　한양도성성곽길 완주를 작정하고 여러 번 한양도성박물관 관람을 시도했으나, 코로나로 문은 굳게 잠겨 있었다. 한양도성을 다 돌고 나시아 오늘 거리두기 해제로 잠시 박물관 문이 열렸다. 도착한 곳은 한산하고 조용했다. 들어가는 입구에 2021년 한양도성박물관 하반기 기획전 '도성의 서쪽 문, 헐값에 팔리다'라는 이름표를 달고 있다. 떨림이었다. 감격이었다. 한양도성순성길을 완주하며 서울 도성 사대문 중 현존하지 않는 유일한 문이 서쪽의 큰 대문 '돈의문敦義門'이었는데 그 모습을 사진으로나마 보게 되어 설렜다.

  한양도성은 조선왕조 도읍지인 한성부의 경계를 표시하고, 그 권위를 드러내며 외부의 침입으로부터 방어하기 위해 축조된 성이다. 전 세계의 도성 중 가장 오래인 오백십사 년 동안 도성 기능을 했다. 서울 도성 사대문은 유교의 인의예지신仁義禮智信으로 사람이 반드시 갖춰야 할 덕목, 어질고 의롭고 예의바르고 지혜롭고 믿음직한 도리를 뜻한다. 이에 따라 동쪽 흥인지문興仁之門 서쪽 돈의문敦義門 남쪽 숭례문崇禮門 북쪽 숙청문肅淸門이라 불렀고, 지금은 숙정문肅靖門으로 원래 智지가 들어가야 했으나 그 이유는 알 수 없다. 그리고 신信으로 믿음을 널리 전파한다는 종각에 있는 보신각普信閣은 동서남북 중앙에 있는 서울의 중심을 의미하며, 조선은 보신각에서 새벽 4시 문을 여는 '파루'에 서른세 번, 문을 닫는 밤 10시 '인경'에 스물여덟 번 종을 울렸다. 현재는 매년 양력 12월 31일 밤 12시를 기해서 보신각종을 서른세 번 친다.

  사소문四小門은 동소문 혜화문惠化門 홍화문이라고도 하며, 서소문 소의문昭義門은 터만 남고, 남소문은 1469 예종 1년 개설하여 폐문되었고, 동남 광희문光熙門 서북 창의문彰義門 또는 자하문이다. 사대문과 사소문을 합하여 여덟 개 문의 성곽으로 총길이 18.6km이다. 우리가 알아야 할 것은 일제강점기에 일본은 대문의 격을 낮추기 위해 동대문 남대문 등으로 불렀다. 지금이라도 본래 이름을 우리가 되찾아 자주 불러줘야 할 것이다.

  성문이 본래의 역할을 잃고 사라졌다는 것은 중세도시 한양의 체제가 해체되었음을 의미한다. 돈의문 철거는 조선의 수도 한양에서 식민도시 경성京城으로 전환되는 과정의 중요한 사건이다. 이번 전시는 '사라진 성문, 돈의문을 통해 근대 한양도성 해체기의 역사를 되짚어보는 시간을 갖기 위해'라는 부제를 달고 전시회를 열고 있다.

 박물관 2층 기획전시실로 들어서자 입구에 1915년 3월 '서대문의 낙찰, 이백오 원 지금 화폐로 오백이십일 만원(西大門 落札, 二百五圓)'이라는 제목의 기사가 『매일신보』에 실려있다. 오늘 서대문으로 더 알려진 '돈의문'은 조선시대 수도 한양의 서쪽을 지키던 문이다. 일제는 명성황후 시해 때도 이 문을 밀고 들어와 광화문을 부수는 만행을 저질렀다. 돈의문은 일제에 의해 복원조차 할 수 없도록 완전히 해체됐다. 대문의 흔적인 터만 남고, 성벽은 일반인의 축대로, 도로를 까는 자재로, 나무는 목재로 팔려나가고, 한 나라의 수도를 지키던 그 이상의 상징이던 대문은 일반인에게 단돈 이백오 원에 팔렸고 현판만 한양도성박물관에 소장되어 있다.

 근대 전차의 등장에도 건재했던 대문은 도로확장 이란 명분으로 역사에서 완전히 사라졌다. 다른 대문들은 성벽은 무너졌어도 건재한데 돈의문만 없어져 인왕산구간을 도는 내내 발걸음은 아쉽고 무거울 수밖에 없었다. 오늘 이곳에서 그 당시 신문에 난 기사와 사진들을 보면 한 나라의 수도인 관문이 나라가 국권을 잃었을 때 어떻게 될 수 있는지 빛바랜 흑백사진 속 돈의문 주변 풍경들이 조용히 말을 걸고 있다.

 서쪽 '돈의문'은 중국에서 오는 사신을 어떻게 맞이했는지 그림으로 남아있었고, 능행陵行이나 사냥을 위한 왕의 행차 등 그림으로 남아 중요한 문이었음을 말해주고 있어 그나마 위로가 됐다. 풍수지리적 논리와 궁궐 경희궁, 덕수궁이 인접해 있다는 이유로 여러 차례 폐쇄되기도 했으나, 근대기의 전차 등장에도 꿋꿋이 도성의 성문으로 자리를 지켰다.

당시 전차가 대문 가운데를 통과하는 모습과 성문 밖, 그 시절 사람들 의복과 생활상을 사진으로 볼 수 있었고, 암울한 시대상과 상관없이 대문 성루 위로 뭉개구름이 평화롭게 흘러가는 모습이 생생하게 사진에 담겨 있다. 이번 전시를 통해 허물어진 소의문터와 폐문되어 흔적조차 없는 남소문터를 사진으로나마 볼 수 있어서 의미가 있었다.

근대화 물결과 일제 36년을 거치고, 해방 직후의 혼란과 전란을 겪으면서 전통문화 가치는 평가 절하되어 소실되고 훼손되었으나, 평지에 건설된 다른 나라 수도의 성곽과 달리 한양도성은 자연과 한 몸으로 축조되었기에 많은 부분이 온전할 수 있었다. 이제 자연에 기대어 한 나라 수도를 지킨 한양도성 성곽길을 구멍 숭숭한 성돌을 마음에 얹으며, 단돈 이백오 원에 팔린 돈의문을 마음에 새긴다.

성벽을 쌓기 위해 동원된 민초들의 애환과 노역을 생각하며, 한양도성순성길 풍경 속 풍경을 완주했던 것으로서, 한 나라의 수도 서울이라는 도시에 대한 빚진 마음이 조금은 가벼워졌다. 언제나 지금이 중요하다. 우리나라가 세계에서 위상이 높아졌다고 하나 자만하지 말 일이다. 다시 아픈 역사를 되풀이하지 않으려면 현실을 잘 살피며 함께 갈 일이다.

에필로그

 이년에 걸쳐서 돌아본 서울 한양도성성곽길. 계절마다 빛과 바람의 무게가 달랐다. 한 곳을 여러 번 또 한 번만으로 끝낸 곳도 있다. 끝맺으려니 속속들이 들여다보지 못한 아쉬움이 더 크다. 수도 서울에 살면서 서울의 아름다움을 몰랐고 소중함을 몰랐다고나 할까. 어느 날 흥인지문을 지나치며, 뚝 끊어진 혜화문惠化門 높은 성벽을 지나며 궁금증을 품은 게 성곽을 돌아보게 되는 우연한 계기가 됐다.

 아는 만큼 보인다고 이 문들을 지나치면 이제는 예전 같지 않음을 고백한다. 돈의문 성벽 끝에서 영혼의 우물 윤동주를, 북악산 자락에서 이태준과 혜곡 최순우를, 낙산 끝자락에 소년소녀들의 노동으로 경제부흥을, 목멱산에서 민족의 얼을. 이렇듯 구간마다 들려주는 이야기가 다 달랐다. 성벽의 제일 윗부분 네모난 총안銃眼을 통해 내다 보는 밖의 세상은 흥미로웠다. 나만의 미술관을 가진 듯. 네 곳의 성곽을 돌며 가장 성곽의 범위가 가름 되지 않는 곳은 남산이다. 중간중간 소실되고 내외성벽內外城壁이 구분이 되지 않는 부분이 많아 아쉬웠다. 기회가 된다면 천천히 그들만의 이야기를 들으며 다시 한번 걷고 싶다.

 한양도성은 외침의 방위용보다는 조선왕조 도읍지로 한성부의 경계를 표시하고, 그 권위를 드러내며 왕권을 강화하기 위해 축조된 성이다. 숭례문과 흥인지문은 평평한 지형에 지어져 방어용으로는 불리했다. 외부 침략으로부터 수도를 지키기 위해 남한산성과 북한산성을 축성했다. 한양도성은 전체길이 18.6km에 이르는 현존하는 전 세계의 도성 중 가장 오랫동안(1396~1910) 도성 기능을 했다. 도성을 축성했을 때 사대문을 제외한 대부분 성곽의 축성 기간이 사십구 일밖에 되지 않음은 놀랍기만 하다. 그리고 성안에 궁궐이 다섯 개인 곳은 우리나라만이 유일하다. 조선은 자연에 기대어 쌓은 성에서 514년을 통치했다. 이런 역사도 세계에서 드물다.

　성곽 안과 밖을 들여다보며 자연을 이용한 지형지물로 자연을 많이 훼손하지 않는 최소한의 범위에서 도성을 구축한 선조들의 지혜에 감탄할 뿐이다. 작금의 경제와 정치를 국민이 걱정하는 나라이지만 삼십육 년의 일본 압제에서도 6.25의 폐허 위에서도 지금의 대한민국을 일궈냈으니 우리 국민의 저력을 믿는다. 오늘도 성곽은 수많은 이야기를 안은 채 도전하고 일어설 대한민국을 언제나 그랬듯이 내려 다 보고 있다. 이제부터라도 사대문 이름의 정체성을 생각하며 일본의 잔재인 동대문 남대문이 아닌, 제대로 된 이름을 불러주어야 할 것이다.

― 《문학한국》 2022. 여름호

* 참고문헌: 한양도성박물관
* 역사적으로 검증되지 않은 부분이나 사실과 다른 부분이 있다면 문학적으로 재해석함을 너그러이 봐주기를 바란다.

혜화문 성벽 끝에서 혜곡兮谷 최순우를 만나다

　북악성벽 끝 혜화문 문루에 섰다. 낙산으로 넘어가는 끊어진 성벽 아래로 차들이 끊임없이 달린다. 혜곡兮谷 최순우 선생이 살았을 때 이곳의 모습은 어땠을까. 『나는 내 것이 아름답다』 했던 혜곡 최순우 선생 생각에 젖었다.
　이십 대 초반, 그날도 인사동 골목을 돌며 나만의 멋을 누리고 있는데 진열장 안 창문을 뚫고 뛰쳐나올 듯한 두꺼비 청자연적이다. 금방이라도 뛰어오를 듯 은은한 푸른빛이 도는 돋을새김한 두꺼비. 살아있는 듯한 그 아름다움에 매료되어 울고 싶었던 날이다. 내 지갑 사정으로는 그 연적을 살 수 없었다.
　그림이나 물건 자연을 보고 가슴 뛰도록 아름다워서 눈물이 날 것 같았던 경험은 그때가 처음이었지 싶다. 그런 감정을 정서적 예민함이라 생각했다. 한참 세월이 지나 혜곡의 책을 읽는데 당신도 그런 경험들을 이야기했다. 멋審美眼을 아는 것은 배워서 되는 게 아니고 타고 나야 한다는 말에 위안을 얻었다. 그 후부터는 어느 전시회를 가든 오브제가 있으면 한 개 정도는 산다. 내 심미안을 믿고서.
　혜곡 최순우 그는 인연들과 함께하고 싶어 성북동 중턱의 한옥을 샀다. 시인 김광섭 화가 김환기 장욱진을 비롯한 간송 전형필 등과 교류하며 인연들을 나눴다. 집은 주인을 닮는다고 작년 초여름 그의 집을 찾았을 때, 평소 촉각과 시각으로 어루만지게 되는 집이요 대화가 가능한 집이라 했던 선생의 말처럼 한옥에서는 그의 멋과 이야기가 배어 나왔다.

손수 심은 나무와 석물들, 단정하게 놓인 목가구와 백자 등 그의 안목이 곳곳에 깃들어 있었다. 소박하고 호젓한 그곳에서 아름다운 것은 외로움이라 했던 그를 만났다. 사랑방에 앞에 걸린 두문즉시심산杜門卽是深山 '문을 닫으면 이곳이 바로 깊은 산중이라' 고아高雅한 선생의 성정을 알 수 있었다. 현판은 이사 온 그 해에 혜곡 선생이 직접 써서 걸었다.

연초록에 초록이 눕고 짙푸른 초록으로 물들어가는 초여름, 작은 사랑방이 딸린 본채의 큰방, 그가 좋아했던 용用자 창틀을 통해 내다본 뒤뜰은 고요했다. 뒤꼍 툇마루에 걸터앉아 산수유 소나무 조릿대 자목련 등의 수런거리는 소리를 들었다. 그가 여기저기 갖다 놓은 석물들과 좋아했던 돌확들이 어우러져 작지만 아담한 정원에서 그가 내게 조용히 말을 건다. 멋을 아는 그대도 멋이 느껴지느냐고.

'멋'이 무언지 아는 선생을 가장 잘 알아준 사람은 간송 전형필이다. 그와 간송은 1950년 국보특별전람회에서 처음 만나 한국전쟁 동안 민족문화를 지키는데 함께 하며 깊은 정을 나눴다. 그를 사랑하고 무한신뢰했던 간송은 최순우의 본명 희순의 '순淳', 아들들의 항렬 '우雨'를 합해 '순우'라는 필명을 지어주었을 정도로 그를 아꼈다.

혜곡 그가 파리로 장기출장을 떠날 때 간송 선생은 그를 배웅하며 당신이 평생 찬 손목시계를 끌러 그의 손목에 채워줬다. 그게 마지막이 됐다. 간송은 그와 마지막이 될 줄을 알았던 것인가. 그런 그들의 아름다운 인연이 북악 자락에 숨 쉬고 있다.

 그는 『무량수전 배흘림기둥에 기대서서』라는 저술을 통해 한국의 전통적인 건축물과 미술품들의 아름다움을 소개했다. 전통의 미를 사랑했으며 한국 전통의 것들을 단순한 유물이 아닌 살아있는 문화유산으로 보았다. 미술품을 통해서 한국의 역사와 문화 그리고 사람들의 삶을 이해하고자 했던 그다. 보는 것이 아니라 느꼈던 그였기에 앓을 수밖에 없었지 않았나 싶다. 그는 우리가 보면 그저 스쳐 갈 소소한 것에서조차도 한국의 미를 건져 올렸다.

 아름다움은 거저 오지 않는다고 했던 그에게는 아름다움은 앎이자, 앓음이었다. 지천에 버려진 것들을 거두고 젖을 먹이며 젖몸살을 앓았다. 그의 이런 노력으로 우리는 우리 꽃에 겨우겨우 눈을 떴다. 이 땅의 모든 이들이 사랑하는 꽃들은 그의 이런 젖몸살로 피어났다. 그의 "함께 할 수 없는 아름다움은 때로 아픔이 된다"는 말을 공감한다. 나도 내가 본 아름다움을 같이 간 사람과 공유할 수 없을 때 느꼈던 외로운 경험들이 있다. 혜곡은 함께 누리고 즐기고자 평생 아름다움을 찾고 키우고 퍼뜨리고, 아름다운 것을 알리려고 앓다 간 사람이다.

 혜곡 선생 외길 인생을 따라가다 보면 자신이 좋아하는 일에 인생을 건 한 사람의 열정이 빚어낸 열매에 잔잔한 감동이 인다. 나라가 지켜내지 못했던 문화재를 개인이 지켜낸 이들을 생각하며, 혜곡 그의 숨결이 깃든 집이 이곳에 있어 여기를 좋아하는지도 모르겠다.

   정월 칼바람이 얼굴을 훑고 지나간다. 정다운 인연들이 있는 북악의 성벽 끝이다. 혜화문 문루에서, 멋을 알기에 나라의 문화재를 혼신으로 지켜내고 앓으므로 아름다움을 피워 냈으며, 주인을 기다리며 집을 지킨 바둑이를 사랑했던 사람, 혜곡 최순우 선생을 마음에 얹었다.

- 2025. 1월

평설

[평설]

풍경의 테두리

김 귀 희
(시인. 문학평론가. 문학박사)

1. 시작하며

윤종희 수필가가 저서 『풍경으로 건너갈 때』를 상재한다. 수필집을 낸다고 가져온 원고를 받고 바지런한 모습이 제일 먼저 떠올랐다. 그 바쁜 중에 언제 이만큼 글을 썼을까 하는 반가운 마음이 앞섰다. 첫 번 책에서도 그랬듯 인생을 바라보는 윤종희 수필가의 시각은 여전히 예리하다. 그러면서도 긍정적이며 이타적 이해로 더불어 살아가는 수용이 있어 그의 삶이 풍성함을 알 수 있다.

문학의 고유성은 인간과 삶의 현실을 이야기하는 정신에 있다는 평자의 말처럼 윤종희 수필의 원심력은 '나' 즉 윤종희이고 다음 '윤종희 삶의 분신'에 집중되어 있다. 삶의 분신이라 함은 윤종희 수필가의 주변을 형성하고 있는 가족들, 친지들, 자연물, 경험 등으로 파생되는 여러 가지 유형, 무형의 이야깃거리들이다. 이런 소재는 윤종희 수필가에게 구축되어 있는 문학적 감성과 만나 한편의 이야기가 되어 있으며 이는 때로 아련하고 때로 날카롭게 우리 삶을 대변하고 있다.

수록되는 수필 전문을 살펴보면 여러 가지 갈래로 다양한 이야기들이 있지만 그의 이야기들을 따라가면 한사람의 인생이야기에 자연은 어떻게 동화되어 있으며 한편으로는 한 인격을 구축하는데 중요한 배경은 어떻게 이야기 되고 있는지를 찾아보고자 한다.

2. 지문으로 남는 사계

자연에 대하여 인간은 늘 겸허하여야 한다. 아무리 문명이 발달하였다해도 자연을 거슬러서는 존재 할 수 없음을 인정하고 자연의 일부가 되고 자연과 동행하는 것이 최선의 삶이다. 그러나 하루가 다르게 급변하는 현대문명과 그 놀라운 속도와 변화를 뒤쫓는 현대인이 삶은 본래적 혹은 본인의 태생적 성품, 즉 인간성의 자연을 유지하기 어려울 지경이다. 이런 사회에서 문학은, 특히 수필은 한걸음 뒤에서 휘청대는 삶을 다시 바라보게 하여 그 굴곡을 다듬고 벼리는 역할을 하여 나와 이웃의 삶에 오래된 미래를 제시할 수 있어야 한다.

윤종희 수필의 특성은 단연코 자연 친화성을 꼽을 수 있다. 경북 상주에서 태어나고 그 곳에서 유년 시절을 보낸 그에게 그곳의 자연, 즉 부모와 형제와 산과 강과 혈육간에 나누던 정은 원래적 성정이 되어 그의 가슴에서 삶에서 시선에서 늘 출렁거림을 알 수 있다. 초등학교 저학년 시기에 혼자서 고향을 떠나 서울살이를 하였으니 알게 모르게 우울했던 상실의 정서는 고향, 근원, 뿌리를 향하여 더욱 견고한 애정으로 남아 있을 수 밖에 없다.

그래서 자연을 바라보고 느끼고 품는 윤종희의 자연 친화성은 더욱 호소력이 짙다. 모든 감상의 시각은 자연이고 해석도 자연이고 결론도 자연임을 확연히 보여준다. 자연과 윤종희 수필가의 일상성은 그의 삶에 그의 마음 결에 일일이 새겨져 있는 지문이 되어 있다. '나의 지문'은 전 세계에 아무리 인류가 많다해도 유일한 나만의 것이다. 같은 지문이 없다. 그러므로 윤종희의 내면에 자리하고 있는 자연성과 근원성은 유일무이한 윤종희만의 것이다.

봄바람이 백두대간 심지에 꽃불을 놓더니 남도에서부터 둑방을 허무는 기세로 북상하는 불길, 겨우내 깡말랐던 나무는 긴 기다림에 불붙여 제 몸을 사르고, 우리 가슴에도 다시 불씨를 지핀다. 곤줄박이를 마당 안으로 내가 불러들인 것인지 저들이 우리를 부른 건지 모르겠다.

- 「마당 안으로 들여온 봄」 일부

제목 '마당으로 들여온 봄'에 주목해 볼 필요가 있다. 봄이 마당으로 들어오는데 봄의 의지가 아니라 수동태로 쓰여져 누군가 혹은 무엇인가에 의해 마당으로 들여와 진 것이라고 쓰고 있다. 독자는 자연스레 봄을 불러들이는 능동태는 곧 윤종희 수필가임을 받아들인다. 이는 자연을 가까이 하고자 하는 윤종희 수필가의 적극적 수용의 자세에서 연유한다. '봄'이라는 陽의 기운은 '우리 가슴에도' '불씨를 지피'는데 이것이 자연의 攝理임을 '다시'라는 언어로 강조하고 있다.

그의 시선에는 꽃불을 놓는 봄바람이 보이고 겨우내 깡말랐던 나무에 꽃이 피는 것도 제 몸에 지닌 기다림을 사르는 것이 보인다. 지극히 시적인 안목으로 자신의 세계를 단장하고 있는 것은 자연 가운데 자리하는 섭리를 아는 혜안이 있기 때문이다.

새벽녘 밭에 가서 떨어진 감을 주워 오면 어머니는 쌀뜨물에 담가뒀다. 땡감은 일주일이 지나면 떫은 맛은 없어지고 달작지근 오묘한 맛으로 변한다. 이게 삭힌 감 脫澁탈삽이다. 이십 대, 청춘의 꿈과 현실의 괴리에서 이렇게 저렇게 부딪히고 나서야 잠잠해졌던 내 젊은 날 같다. '열심히'라는 가면 뒤에 허기진 청춘이 있었다.

- 「감의 변신」 일부

자연을 보면서 인생을 탐구하는 윤종희의 의식의 표출이다. 사실 땡감은 '감'으로서의 가치가 없다. 그 딱딱하기 까지 한 것을 한 입 베어 물라치면 혀는 물론이고 입안은 단숨에 떫은 맛에 점령당하고 만다. 하지만 혓바닥을 조여드는 것 같은 그 떫은 맛도 쌀뜨물이나 소금을 약하게 푼 물에 담궈서 일정 시간을 두면 떫은 맛이 없어지고 아삭아삭하고 달짝지근한 간식거리가 된다.

햇볕과 찬바람에 멍이 들어 홍시가 되었다. 홍시를 인생의 어디 즈음에 비유할 수 있을까. 삶의 훈장도 지나 아이들 출가시키고 시간과 돈을 나를 위해 쓸 수 있는 체력과 열정, 겪고 견디며 말랑말랑해져 웬만한 일에는 휘둘리지 않을 유연성, 남은 시간 두근거림으로 살아 볼 수 있는 시간이 홍시 같은 나이지 싶다.
- 「감의 변신」 일부

 작가의 어떤 순간, 어떤 경험을 통해 그의 내면에 문학적 감성으로 형성되어 있다가 단초가 되는 '어떤 것'과 만나면 글이 되는데 글쓰는 방법은 다르다해도 작가의 생각과 보편적 철학의 무리없는 섞임이 공감의 척도가 된다.
 윤종희 수필가가 단지 '감'에 대한 애상이나 용도에 대해서만 썼다면 변별성을 갖지 못했을 글을 자신의 반성적 고백을 쏟아 냄으로 글이 지닌 무게가 달라지고 있다. 이런 고백을 하기가 쉽지 않다. 보이는 삶과 보이지 않는 삶의 모습은 현저히 다르다. 대외적으로 구축된 우리의 이미지는 매사에 단정하고 선명하며 고고하게 보일지라도 실지로는 누구나 할 것 없이 날마다 내적 갈등을 겪게된다. 현실의 모든 순간은 우리에게 '하나의 길'을 선택하도록 날카롭게 요구한다. 그런 순간을 견뎌내면서 현대를 살아가는 우리는 대부분 자신의 연약한 모습을 있는 그대로 드러내 보이는 용기를 상실하고 있다.
 「감의 변신」은 감의 변화에 따라 소용되는 여러 가지를 적으면서 윤종희의 인생을 투영시킴으로 이야기는 단순함을 벗어나 새로운 삶의 지침이 된다. 매사에 순응하는 것, 즉 자연의 가르침을 익혀 가는 것이 '길'이었음을 담고 있는 수필이다.

 한동안 넋을 놓고 바라보는데 발아래 산비탈로 연못도 아닌 황톳빛 작은 웅덩이가 보인다. 안내문에 '정화시설로 폐광에서 흘러나오는 갱내수는 물을 오염시키므로 그걸 방지하기 위한 것'이라 적혀 있다. 이곳저곳 석탄을 파댔던 흔적의 상처가 아무는 중이다. 역사의 그늘에 묻힌 탄광촌을 지나며 떠올렸던 아버지와 시름 많았던 어머니도 자연 속에 묻었다. 골바람에 살랑이는 들풀이며 고운 능선에 지천인 푸름, 미적대는 나를 해거름 햇살이 등을 떠민다.
 자연이 주인인 길, 이젠 우리가 비켜줘야 할 것 같다. 우리 삶의 번민과 고뇌들은 자연 앞에 아무것도 아닌 것을. 풍경은 풍경으로 이어져도 길은 시간이고 세월이다.

- 「상처가 풍경으로 건너갈 때-정선 운탄고도 하늘길」 일부

 윤종희 수필은 자연의 순리를 따르는 것이 곧 삶이 지향해야 할 바임을 이야기하고 있

다. 가족사의 한 자락이 담겨 있는 정선 운탄고도에서 자연의 순리를 다시 몸에 새기고 있다. 어떤 환경, 어떤 풍경이라 할지라도 자연의 시간 앞에 변하기 마련이다. '상처가 풍경으로 건너' 가는 운탄고도의 하늘길은 카이로스의 시간과 크로노스의 시간이 공존하고 있다. 윤종희 개인의 가족사가 담긴 카이로스의 시간은 그의 사고에 켜켜이 저장되어 있어서 앞으로도 어떤 모양으로든 불쑥 불쑥 튀어나올 것이다. 윤종희 뿐 아니라 그의 영역 안에 있는 대부분의 애상들이 풀썩거리며 나타날 것이다. 그런 중에 뒤 통수에 머리카락이 없어 붙잡지도 못하고 말리지도 못하고 달래지지도 않을 카이로스가 '섭리' 라는 이름으로 과거를 흐리게 하고 인생의 모든 순간을 망각케 할 것이다.

윤종희 수필가가 '상처'라고 이름한 과거의 어느 시간, 아버지의 시간, 어머니의 시간은 수필의 전문에 진술되고 있다. 그 아픈 카이로스를 이제는 담담히 바라볼 수 있도록 하는 것은 아이러니 하게도 크로노스이다.

자연에게 자리를 내주면서 그 카이로스의 시간들은 내면의 세계에 자리를 잡고 윤종희 수필가의 생명이 다하기까지 가슴에서 지문처럼 살아있을 것이다. 대다수의 우리 수필이 그렇듯 수필은 회고적 글쓰기이다. 작가가 경험한 바를 두고 철학적으로 성찰한 바를 글로 쓰는 것이므로 틀린 말이라 할 수 없겠다. 그러나 회상이란 엄격하게 경계할 수 없으므로 자칫 수필은 신변잡기로 흘러 감정의 범람이 되어 버리곤 한다. 윤종희 수필의 장점은 이런 경계를 넘어서는 감정의 과도한 흐름을 자제하는 점이다. 그런 절제가 윤종희의 수필의 멋이고 또한 감칠맛이다.

3. 존재에 대한 성찰

환경따라 자주 바뀌는 감정과 달리 존재에 대한 고찰은 현상을 바라보는 철학적 시각을 바탕으로 하고 있다. 인간으로 존재한다는 것은 무엇인가. 이 '존재란 무엇인가' 하는 명제는 아리스토텔레스로부터 철학의 화두이다. 있는 것으로서의 있는 것에 속하는 요소는 무엇인가를 탐구한다. 인간은 경험과 경험의 결과로서 생겨나는 기술, 추론, 학문적

인식을 갖고 살아간다. 하지만 한명의 객체로 존재하는데는 그가 지향하는 정신적 역량이 어떤 가치를 지향하는가에 따라 자기만의 성격이 형성된다. 한 존재가 스스로 자신이 길을 찾고 자신이 추구하는 이상을 향해 나갈 때 끝없는 자기 성찰의 자세는 동서양, 고금을 막론하고 추구하는 자기 반성이며 자아 탐구이다.

① 남들이 말하는 내가 참 나인가? / 나 스스로 아는 내가 참 나인가? -본 회퍼
② who am I -장발장
③ 죽는 날까지 하늘을 우러러 한점 부끄러움이 없기를 -윤동주

첫 번째 인용문은 나치 치하에서 반 히틀러 운동을 전개하던 본 회퍼 목사가 쓴 시의 일부분이다. 히틀러의 마수를 벗어나 충분히 안전한 삶이 보장되어 있었지만 그는 고향인 독일에서 반나치 운동을 하다가 체포되고 교수형으로 생을 마감하였다. 그처럼 결기 있는 회퍼 목사도 형이상학적인 자신의 모습과 자신의 현재성을 놓고 어느쪽이 '참 나인'지, '스스로 아는 내가 참 나인'지 하는 끊임없는 고뇌에 싸여 있었음을 알게 된다.

두 번째 인용문은 레미제라블 '장발장'의 고백이다. 그는 빵 한 개를 훔친 죄목으로 19년이나 되는 옥살이를 했다. 출옥 후에 신분을 숨기고 살아가던 장발장은 마들렌市의 시장까지 되지만 피가 마르도록 따라 다니는 형사 '자베르'의 감시 때문에 장발장은 'WHO AM I'라고 울부짖으며 외친다.

세 번째 인용문은 윤동주의 서시이다. 조국이 없는 나라의 피식민지 국민이지만 식민국인 일본에서 유학하다가 일본 경찰에 의해 체포되고 후쿠오카 감옥으로 끌려가서 꽃다운 젊은 나이에 숨을 거둔다. 이런 윤동주의 '자아에 대한 성찰' 이며 자신을 바로 세우는 길은 '죽는 날까지 하늘을 우러러 한 점 부끄러움 없'는 순결한 삶 가운데 있어야 함을 추구한다.

이처럼 '나는 누구인가' 라는 화두는 대다수의 사람들이 갖는 자신에 대한 질문이며, 자기 반성의 화두이다. 각자 고백하는 방법과 구도의 길은 차이가 있어도 결국에는 '나'라는

정체성에 대한 재확인이고 '나'가 추구하는 이상과의 괴리를 가늠하는 시작이 될 수 있다. 이런 고민을 통해 곧 현재의 나를 벗어나는 초월지향적 의지를 읽게 하다.

윤종희 수필의 지향점은 인간으로서의 존재적 의미와 가치에 대한 탐구로 맞추어진다. 존재적 의미와 가치라 함은 모든 철학의 출발이며 종착점이다. 수필은 수필가의 이런 사유를 드러내고 독자로 하여금 수필가가 제시하는 길을 동반하게 만들도록 설득하여야 한다. 이런 생각으로 '윤종희가 제시하는 존재를 구성하는' 찾아 보기로 한다.

> 지금은 어떤가. 어떤 일에도 휘둘리지 않을 나이, 그래도 가끔은 욕심이 생기는 영글지 않은 사람이다.
> ─「그 여름날, 한옥의 냄새」일부

'큰집에 대한 회상'을 배경으로 하고 있는 글에서 한줄 인용한다. 여름 장마로 시작한 눅눅함이 기억이라는 공간에서 넘실대는 한옥 냄새를 이끌어 냈다. 여름날 한옥이던 큰아버지의 집에서 나던 냄새는 윤종희 정체성을 이루는 한 줄기가 되고 있다. 살면서 겪는 혼란을 위로하는 기재로 '한옥 냄새'가 쓰이고 있다. 윤종희 수필가가 지향하는 삶의 의미와 존재 세우기에 대한 모색의 기재 중 '한옥'처럼 전통이나 그런 이미지에 큰 비중을 두고 있음을 알 수 있다.

이런 한옥의 냄새는 남양주에 있는 마재마을 다산 정약용의 생가에서 찾아지기도 가회동 한옥마을에서도 그 조용한 저력을 드러내기도 한다. 이렇게 '한옥 냄새'에 대한 견고한 기억은 단순한 옛것에 대한 향수만이 아니라 자칫 분산되기 쉬운 우리의 전통의식을 다시 잡게 하여 현실에서의 '나'를 다시 곧추 세우는 역할을 한다.

이렇게 전통이 자아, 자신의 근원으로 이어지는 기재는 무엇인지 살펴 본다. 윤종희 수필을 읽으면 어렵지 않게 그의 성장기를 접할 수 있다. '상주'라는 곳, 선비의 고장으로 상징되는 곳이 그의 고향이다. 경관이 수려하기도 하지만 역사적으로도 소중한 유적이 많은데 멀리는 가야국부터 신라, 고려, 조선을 거치는 동안 경상북도의 중추적 역할을 했다고 기록되어 있다. 경상도라는 명칭도 경주와 상주에서 한자씩 가져와서 썼을 정도이니 위상을 짐작할 수 있다. 조선 시대에는 노론계의 중추적 역할을 했던 곳이라는 기록이 선비의 고장임을 증명하기도한다. 고향이 이런 배경을 지니고 있다는 것은 곧 윤종희 수필가의 인간적 성향이 되기도 하고 따라서 수필의 성향으로 드러난다.

　어린 나이에 고향을 떠나야했던 윤종희의 생각과 마음에서 비롯한 모든 촉수는 고향으로 향하고 있었을 것이고 더구나 고향이 지닌 특별한 배경은 그의 삶 속에서 뿌리를 놓지 않으려는 자긍심으로 구축되었을 것이다. 이런 윤종희의 고향에 대한 향수는 확대되어 우리의 고전, 유물, 전통 등 옛것에 대한 시야를 넓게 하고 애정을 갖고 바라보게한다.

　작년엔 혜화문으로 해서 낙산 성곽을 돌았으니 오늘은 혜화동 동성고등학교 앞에서 출발이다....이젠 어딜 가든 비가 세워진 곳엔 그냥 지나치지 않으리라...몇 년 전 서울에 산 지가 반백 년인데 아직 서울의 지형도 정확하게 모른다는 게 부끄러워 올해 봄 사대문 성곽을 완주했다.... 근대기 서울로 서울로 사람이 몰리고 일제와 6.25 동란을 겪으면서 산등선에 우후죽순으로 들쑥날쑥 들어선 집들을 내려다보며 경제부흥을 일궈낸 만큼 우리의 의식과 가치관도 높아졌는지도 반문해 보았다. ...가장 짧은 구간을 돌면서 무너진 성벽과 자의든 타의든 없어진 유적으로 인해 먹먹함과 설렘이 교차하는 성곽길이었다.
　　　　　　　　－「낙산, 동쪽 끝자락에 대한민국 경제가 숨쉬고－한양도성 성곽길 흥인지문 구간」 중

　'한양도성순성둘레길' 이란 땅의 표식을 따라 장충체육관 뒤쪽 길 성곽으로 올라갔다. ...남산으로 오르는 성벽에 '慶州始' 라는 글자가 새겨져 있고 옆에 각자성석에 대한 설명을 해 놓았다. 이렇게 성돌에 글자를 새겨 넣은 것을 '각자성석'이라 한다. 구간 각각 공사는 5도 백성에게 할당되었는데 각자성석은 책임을 묻기 위한 일종의 공사실명제다. '경주시' 라는 것은 성곽 쌓을 때 혜화문부터 남산 잠두봉까지 41구간은 경상도에서 쌓았기 때문에 경주지방이란 뜻이다....팔도강산 방방곡곡에서 모여든 방언들이 얼마나 이 산속을 소란하게 했을 것인가...많은 수의 백성을 동원하기 위해 여름과 겨울, 농한기를 이용해서 98일 동안 18.6km를 1년 만에 축조하였으니 그 노역은 익히 알만하다.
　　　　　　　　－「木覓山, 민족 얼을 품은 서울의 허브－한양도성 성곽길 숭례문 구간」 중

　인왕산은 바위산이다. 크고 작은 바위산을 오르니 인왕산곡성이다. 곡성은 군사시설의 요충지로 사방을 볼 수 있도록 성벽을 곡선으로 둘렀고, 멀리 볼 수 있도록 성을 쌓았다. 그때나 지금이나 군사시설로 활용되고 있다. 북악산과 인왕산 두 곳에만 있다. 바로 이곳이 수성계곡이 있는 곳이다. 진경산수화의 대가인 겸재 정선이 그린 '인왕제색도' '장동팔경첩' 중 수성동 계곡의 배경이 되는 곳이다.
　　　　　　　　－「돈의문 성벽, 그곳에 서촌이 있다－한양도성 성곽길 인왕산 구간」 중

　　서울에 살면서도 서울의 옛 도성길을 걷기란 쉽지 않은 일이다. 동호회나 모임의 성격

이 해당되는 단체 등에서 실행할 수 있는 일을 윤종희 수필가는 단독으로 감행했다. 그런 일을 했다는 것만으로도 우리의 역사에 대한 자부심과 애정을 짐작할 수 있는데 행간마다 전해지는 온기와 안타까움은 어떤 웅변보다도 힘이 있다.

성곽 답사기인 위의 글들은 각 성곽마다 지닌 역사를 다시 확인해 주고 있다. 우리는 정사의 그 삭막한 문장으로 역사를 들려주기에 집중하기가 쉽지 않다. 하지만 문학 작품 속에 담겨 있는 역사는 작중 인물들의 숨결과 행위를 담아 전달되므로 때론 정사보다 파급력이 높다.

우리의 전통을 소중히 하는 것은 곧 새롭게 다가올 미래를 긍정적으로 창조할 수 있음이 강조되고 있다. 다가오는 미래를 의미있게 세우기 위해선 옛것을 숭상할 줄 알아야 하는 즉 '법고 창신'의 가르침을 알아야 한다.

이처럼 성곽을 담아낸 윤종희 수필은 혜곡 최순우를 만나면서 걸음을 멈춘다.

> 이 십 대 초반, 그날도 인사동 골목을 돌며 나만의 멋을 누리고 있는데 진열장 안 창문을 뚫고 뛰쳐나올 듯한 두꺼비 청자연적이다. ....그림이나 물건 자연을 보고 가슴 뛰도록 아름다워서 눈물이 날 것 같았던 경험은 그때가 처음이었지 싶다. ...연초록에 초록이 눕고 짙푸른 초록으로 물들어가는 초여름, 작은 사랑방이 딸린 본채의 큰 방, 그가 좋아했던 용용자 창틀을 통해 내다본 뒤뜰은 고요했다. 뒤꼍 툇마루에 걸터앉아 산수유, 소나무, 조릿대, 자목련 등의 수런거리는 소리를 들었다. 그가 여기저기 갖다 놓은 석물들과 좋아했던 돌확들이 어우러져 작지만 아담한 정원에서 그가 내게 조용히 말을 건다. 멋을 아는 그대도 멋이 느껴지느냐고.
> ―「혜화문 성벽 끝에서 혜곡兮谷 최순우를 만나다」 일부

더욱 중요한 것은 이렇게 보이는 것들에 방점이 있는 것이 아니라 보이지 않는 것, 소리없는 들림에 집중하고 있는 자세이다. 오래된 여러 가지를 통해 깨우쳐지는 진리에 인간을 포함한 모든 존재의 근원의식을 찾아내는 것이다.

이처럼 지금의 내가 여기에 있을 수 있는 것은 나만의 의지가 아니다. 성곽처럼 우리에게 있어왔던 모든 것들이 오늘의 나를 만들었다. 이처럼 우리의 성곽은 미래의 나를 만들기도할 것이다.

4. 나가며

한 인간은 홀로 존재하는 것이 아니다. 한 사람의 인격체가 세워지는데는 육적인 요소와 정신적인 요소가 함께 병립되어야 한다. 또한 여기에 생명성이 있어야 한다. 이들의 상호관계에서 올곧게 세워진 한 사람, 윤종희 수필가의 글을 읽었다.

윤종희 수필을 통해서 보이는 깊은 사유의 존재의식은 유물과 전통을 아우르며 유한한 자연의 외적 모습과 자연의 성품의 구현이 잇대어 발현된다. 그러므로 앞에서 살펴 본 바와 같이 수필의 성향은 보편적이면서 자연친화성을 높이 구가하고 있다. 그러므로 그의 자의식은 혼자만의 것이 아니라 오래된 우리민족의 공통된 형질에서 구축된 음영을 품고 있기에 더욱 애정이 간다.

두 단락으로 나눠본 것의 화두가 되는 '자연'이나 故城을 기치로 한 윤종희 수필가의 글은 결국 그의 내면에 견고하게 자리하고 끊임없이 발화되는 근원, 본래적인 것, 뿌리 등의 소중함과 그 치유성을 제시하는 방법이라 하겠다.

또한 윤종희 수필의 장점은 운문같은 이미지적 표현이다. 그의 수필이 동시대 독자들에게 자연스레 스며들고 우리 전통에 대한 깊은 애정은 그의 의식을 전달하는데 크게 기여한다.

이런 글쓰기는 타의 귀감이 되어 앞으로도 우리 수필문학에 긍정적인 영향을 끼칠 수 있기를 바라는 마음을 한줄 얹으며 글을 맺는다.

문예운동산문선

풍경으로 건너갈 때

초판인쇄 2025년 11월 10일
초판발행 2025년 11월 14일

지 은 이 윤종희
발 행 처 문예운동사
발 행 인 김귀희
등　　록 2007년 11월 21일 제2007-000052호
주　　소 서울시 서대문구 서소문로27 (충정리시온) 423호
전　　화 (02) 312-5817
전　　송 (02) 363-5816
이 메 일 skj907@hanmail.net / skj908@hanmail.net
홈페이지 http://cafe.daum.net/munyaeundong

책 값은 뒷표지에 있습니다.
저자와의 협약에 의해 인지는 생략합니다.

ISBN : 978-89-5879-380-9
이 도서의 국립중앙도서관 출판예정 도서목록(CIP)은 서지정보 유통지원시스템홈페이지(https://seoji.nl.go.kr)와 국가자료 공동목록시스템(https://www.nl.go.kr/kolisnet)에서 이용하실 수 있습니다.